어느 사회복지사가 전하는
빨봉 이야기

어느 사회복지사가 전하는
빨봉 이야기

류두희 지음

프롤로그

　나의 애마는 빨간 이동 세탁차였다. 애마를 끌고 시골 구석구석 돌아다니며 거동이 불편한 사람들의 이불이나 카펫 등을 세탁해 주는 사회복지사로 일했다. 장애가 있거나 연세가 많은 독거노인의 이불을 수거하고 세탁한 뒤 가정에 배달해 주는 봉사활동을 하면서 기뻐하는 할머니들을 통해 뿌듯함과 큰 보람을 느꼈다.

　어느 날 봉사활동을 함께하던 자원봉사자가 친구와 통화하면서 "난 지금 빨봉 왔어!"라고 말했다. 그냥 정겹게 들렸다. 나중에 다른 사람에게 나를 소개할 때는 "우리 빨봉 대장이야."라고 하는 데 나쁘지 않았다. 요즘 사람들의 줄임말이기도 하고 코믹하기도 해서 금방 귀에 들어왔다. 그래서 이 책의 제목을 고민하다가 『빨봉 이야기』로 정했다. 빨래 봉사를 하면서 애환도 있었고, 자원봉사자들로부터 나눔, 베풂, 헌신 등 행복을 배웠다. 무엇보다 노인들과 얽히고설킨 이야기들을 그냥 흘려보내기 아쉬워 오랫동안 추억할 수 있는 책으로 남기고 싶었다.

　나이 들고 홀로 사는 어르신들은 병마와 우울증에 시달리며 외롭게 살아간다. 이 일을 시작하고 한해, 두 해를 보내면서 또 다른 것을 알게 되었다. 홀로 계신 할머니 집에 세탁물을 배달해 넣어주고 집안을 돌봐 주는 일, 그리고 그들에게 안부를 묻거나 하소연을 들어주는 일, 이곳저곳 아파 죽겠다고 호소하는 이들을 위로하고 다독여 주는 일, 기운 없고 지칠 대로 지친 그들에게 의샤! 의샤! 해주는 일이 이불 빨래보다 훨씬 더 소중하다는 걸 깨달았다.

그들은 내게 엄마였고 때론 선생님이었다. 한마디 한마디 던져주는 말씀 속에는 오랜 삶 속에서 묻어난 간증이었고 죽음을 앞두고 던지는 유언 같기도 했다. 그 속에는 진정성이 있었고 긴 세월 검증된 사실들이라 우리 삶의 지표로 삼을 만했다. 그리고 요즘처럼 이기적이고 삭막한 사회에서 볼 수 없는 푸근한 인정을 피부로 느낄 수 있었다. 아끼고 아끼던 내 것을 내어주는 것도 보았고, 나를 위해 한 푼도 쓰지 못하는 지갑을 여는 모습도 보았다. 고마움을 표현하는 그 눈빛과 표정을 배웠다. 평생 가난의 고통을 겪었던 분들이지만 마음은 따뜻하다는 걸 느꼈다.

이불은 모든 이들에게 포근한 안식처가 된다. 종일 힘겹게 일하고 지친 사람들의 심신을 녹여주는 곳도 이불속이다. 미래의 꿈과 희망을 그렸다가 지우기를 반복하는 꿈을 선사하기도 하며, 남녀에게는 사랑의 보금자리, 아이들에게는 놀이터가 되기도 한다. 나는 이 책 「빨봉 이야기」를 통해 그 정을 나누고자 한다.

2025년
류두희

프롤로그 — 004

제1부
오늘은 빨래하는 날

나를 반겨주네!	010
이불 이야기	016
코로나도 뚫고 왔네!	022
산골짜기 출장	028
빨래터	033
골칫덩이	039
카펫 빨래	043

제2부
우리들의 엄마

엄마 그리고 어머니	052
할머니의 한숨	059
밉상 할머니	065
이건 내 것이 아니야	075
삶 속 선생님	082
꽃 선물	090
고인의 명복을 빈다	096

제3부
빨래 봉사

이런 건 처음이지	104
물과 싸움	110
이런 일도 있지	117
어버이날 선물	124
빨봉 사람들	127
그 마음 참 아름답다	137
미음으로 디기기려 노력했디	140

제4부
고마워유

구슬도 꿰어야 보배	148
시골 밥상	157
할머니의 따뜻한 정	164
손 좀 줘봐유!	171
줄 것이 이것밖에 없네!	176
복 받을 겨	182
내 말좀 들어!	188
빨봉 이야기(사진자료)	193

어느 사회복지사가 전하는
빨봉 이야기

제1부

오늘은 빨래하는 날

나를 반겨주네!

나는 오늘도 애마 '이동 세탁차'를 끌고 시골 마을로 향한다. 차에는 물이 가득 담겨 약간만 흔들려도 뒤뚱거리는 게, 마치 롤러코스터를 타는 것처럼 느껴진다. 나도 모르게 운전대를 잡은 손에 힘이 들어간다. 탑차에 세탁기 넉 대와 발전기, 그리고 물이 1톤가량 실려있으니 묵직할 수밖에 없다.

하늘에서 내리쬐는 따뜻한 햇볕은 봉사를 떠나는 나에게 용기를 보내는 것 같고, 길가에 서 있는 가로수들은 손뼉을 쳐주는 것 같다. 라디오에서 흘러나오는 노랫가락이 내 마음을 들뜨게 한다. 나를 기다리는 단골 할머니들의 얼굴이 한 사람, 한 사람 떠오른다. 허리가 굽은 이00, 전동차에 가득 싣고 올 최00, 쓰레기봉투에 담아올 박00, 손수레에 가져올 김00 할머니의 모습이 눈에 선하게 그려진다. 안00 할머니는 이불보자기 한 개에 여러 개 이불을 꾹꾹 눌러 쌓느라 길게 끈을 연결해 묶어 올 게 뻔하다.

아니나 다를까, 마을 경로당 앞에 도착하자 이불 보따리 20여 개가 줄지어 있는 모습이 참 정겨워 나도 모르게 웃음이 나왔다. 이 마을 부녀회장의 작품인 듯 보였다. 울긋불긋한 이불 보따리가 즐비한데 유독 노란 보자기가 많이 보이는 걸 보니 명절 때마다 과일 장사가 제일 좋아하는 보자기는 노란색인 모양이다.

내가 세탁할 위치를 잡고 운전석에서 내리면 할머니들이 몰려든다. 내 얼굴을 쳐다보며 인사하려는 사람도 있지만, 빨래 순서를 따지는 사람도 있고, "급한 볼일이 있는데 먼저 해줄 수 없는지?" 묻거나 "내 것은 세탁되면 어디 어디에 널어달라"고 당부하는 사람도 있다. 한동안 주위가 시끄럽다가 조용해질 무렵 세탁은 시작된다. 배수 라인을 펼치고 발전기 시동을 건 뒤 펌프, 순간온수기, 그리고 세탁기에 전원을 넣은 다음, 세제와 섬유유연제를 넣으면 세탁 준비가 끝난다. 이불 보따리를 한 개씩 풀어 세탁기에 나눠 넣으면 세탁기를 돌리기 시작한다.

첫 번째 세탁기가 돌아가는 동안 자원봉사자들과 커피 타임을 갖는다. 때론 할머니들이 믹스커피를 한 잔씩 타주기도 하지만, 봉사자들은 아메리카노를 즐기는 편이다. 할머니 앞에서는 환하게 웃으며 군기 바짝 든 병사들처럼 "잘 마시겠습니다."라고 우렁차게 대답해 놓고 할머니들이 뒤돌아 가길 기다리는 눈치다.

세탁기 한 바퀴가 돌고 나면, 저 멀리 쳐다보던 이불 주인들이 차량 옆으로 몰려든다. 나와 자원봉사자들은 군대에서 모포 털기를 하듯 이불 양쪽 끝을 잡고 퍽퍽 소리가 날 정도로 먼지를 털고 난 뒤 척척 접어 보자기에 다시 싼다. 어떤 할머니는 손수레에 싣고 직접 끌고 가지만, 어떤 할머니는 우리들의 눈을 빤히 쳐다본다. 그분은 우리에게 배달해 달라는 눈빛이다. 말은 안 했지만, 우리는 그 눈빛을 알기에 이불 보따리를 양쪽에서 잡고 할머니의 뒤를 따른다. 시골 동네 골목길을 걷다 보면 돌담도 보이고 높게 쌓은 벽돌담도 한눈에 들어온다. 순간 어릴 적 고향의 모습이 떠오른다.

나도 시골에서 자랐기 때문에 동네 골목길을 뛰어다니며 친구들과 술래잡기도 했고, 친구가 내 물건을 빼앗아 도망가는 걸 잡느라 골목 구석구석을 뛰어다니던 생각이 떠올랐다. 그러다 담벼락 기왓장을 깨는 바람에 곤욕을 치른 일도 있었고, 물동이를 이고 가던 아주머니랑 부딪쳐 낭패를 본 경우도 한두 번이 아니다. 물론 여자아이와 이야기하다 어른들이 나타나면 마치 못 할 짓 하다 들킨 것처럼 골목 뒤로 숨어 가슴 조마조마했던 적도 있었다. 우린 멋쩍은 표정을 짓고 있지만 왜 그런지 모를 일이다. 시골 동네 골목길에서 나도 모르게 어릴 적 옛 추억이 떠올라 정겹게 다가왔다.

할머니 집 마당에는 우리 시골집처럼 빨랫줄이 길게 늘어져 있고 긴

대나무 고임대가 걸쳐져 있었다. 봉사자와 빨랫줄에 이불을 널고 고임대를 높게 올리면 할머니의 입가에 미소가 가득해진다. 그러면 영락없이 "아이고 빨래해 준 것도 고마운데, 집에 널어까지 줘서 고마워요."라고 인사한다.

　나이 든 할머니들은 걷는 게 불편하다. 그래서 아기들이 타던 헌 유모차나 노인 보행기에 의지해 걷는다. 보행기는 내 몸을 의지하며 걸을 수 있고, 한참 걷다가 힘들면 잠시 멈춘 뒤 앉아 쉴 수 있는 의자가 되기도 한다. 그뿐 아니라 의자 밑 공간은 물건을 넣을 수 있는 핸드백 기능도 하기 때문에 노인들에게 없어서는 안 될 필수품이 되어가고 있다. '나무는 뿌리부터 늙지만, 사람은 다리부터 늙는다.'라는 말이 있다. 그래서 평소 산삼이나 녹용처럼 값비싼 보약도 아니고, 머리카락이 하얘지는 것도 아니며, 피부가 쭈글쭈글해지는 것보다 더 중요한 것은 다리에 근육을 유지하는 것이라고 한다.

　우리 어른들은 어려서부터 아궁이에 쪼그려 앉은 채 불을 지폈고, 빨래터에 쭈그려 앉아 빨래방망이를 두들겼다. 밥을 먹을 때도 그렇지만 밭이나 논에 나가 온종일 쪼그려 앉은 채 일을 해야만 했다. 그렇듯 농사를 짓는 사람도, 시장에서 물건을 파는 사람도, 가내수공업을 하는 아낙네들도, 빨래터에 둘러앉은 사람들도 하나같이 무릎 성할 날이 없었을 것이다.

　할머니들은 나이가 들면서 질투하는 사람도 많은 것 같았다. 우리가 거동이 불편한 할머니의 이불을 배달해 널어드리면 그것을 보고 있던 다른 할머니도 내게 슬며시 말을 건넨다. "사실은 나도 무릎이 아파서 이불을 옮기는 게 힘들어!"라고 하소연하면 배달해 주지 않을 수 없다. 그러다 보니 이불을 배달해 주는 집이 점점 늘어나기 시작했다. 할머니들은 또 젊은 사람들과 도란도란 이야기하며 걷고, 자기에게 관심 가져주는 걸 좋아하는 듯 보였다.

물론, 대쪽 같은 할머니도 있다. 나이도 많고 몸은 비록 불편하지만 아직은 내가 직접 가져갈 수 있다며 고집을 부리는 사람도 있다. 그런 분에게는 꼼꼼하게 싼 이불 보자기를 유모차에 실어주고 "어르신 짱입니다. 그것도 운동이니 천천히 조심해서 가세요."라고 엄지척해 주면 무척 좋아하신다. 나는 노인들도 많이 움직여야 한다는 것을 일러주는 편이다.

그렇게 세탁기가 몇 바퀴 돌아가면 길게 놓여있던 이불 보따리가 하나씩 줄어들기 시작한다. 한 아주머니가 우리 옆을 서성이며 "내건 아직도 안 들어간 거 유? 햇볕 있을 때 잘 말려야 하는데 걱정이네."라며 날 재촉한다. 가벼운 극세사 이불은 오래 걸리지 않지만, 카펫이나 무거운 밍크 이불이 있는 날에는 생각보다 많이 늦어지는 편이다.

마을을 순회하다 보니 할머니들의 얼굴도 익히고 이름도 자연스럽게 기억하게 마련이다. 할머니들은 이름을 불러주면 "아이고 내 이름을 어떻게 기억한대!"라거나 "내 이름을 다 아네!"라며 엄청나게 좋아한다. 이름도 기봉, 부돌, 동님, 출녀 등 독특하기도 하고 참 각양각색이다. 물론 옛날 할머니들의 이름 정자, 화자, 봉자도 있다. 할머니들도 버젓한 이름이 있지만 누구의 아내, 누구의 엄마로 살았지, 자신의 이름을 알릴 기회는 거의 없었던 게 사실이다. 내가 이름을 불러주면 "아이고 내 이름을 불러주니 좋은데!"라고 환한 웃음을 보이는 모습도 참 귀엽다.

그리고 할머니들이 가져오는 이불만 봐도 그분의 특성을 어느 정도 알 수 있었다. 꼼꼼하신 분들은 이불을 깨끗하고 단정하게 접어 보자기에 야무지게 싸 오지만, 방에 깔아놓았던 이불을 주섬주섬 모아 함지박에 담아오는 분들도 있고, 먼지도 털지 않은 채 이불속에 잡동사니가 끼어있는 상태로 그냥 대충 접어 보자기에 싸 오는 분들도 있었다. 사람들의 성격이 다 다르듯 할머니들의 이불 보따리를 보면 그 집의 모습이 한눈에 그려진다.

그렇게 여러 차례 세탁기를 돌리고 나면 하루해가 저물어간다. 마을 골목길 따라 이집 저집 마당에 울긋불긋 이불이 널려있는 모습은 정겹게 보인다. 이불 빨래한 마을의 풍경을 바라보면 내 마음도 흐뭇해진다. 오늘 밤 어르신들이 포근하고 따스한 감촉을 느끼며 깊은 잠을 청할 걸 생각하면 또 보람을 느낀다. 나와 자원봉사자들은 흐뭇한 마음으로 동네를 떠난다.

| 이불 이야기

나는 어쩌다 할머니들의 이불 빨래해 주는 일을 하게 됐다. 군에서 전역할 무렵 우연히 이동 세탁 담당자 모집 공고를 보고 대학 때 전공했던 사회복지 분야이고 무엇보다 봉사형 일자리라는 점이 마음에 와닿았다. 무슨 일을 하는지 따져볼 겨를도 없이 원서를 넣고 면접을 거쳐 합격하면서 일은 시작되었다.

우리 지역에서 처음 시작된 이동 세탁이다 보니 자연부락이나 아파트 경로당을 찾아다니며 설명하자, "차 안에서 이불을 세탁하는데 깨끗하게 되겠어?" "이 사람 저 사람 이불을 빨았던 세탁기에 어떻게 내 이불을 빨아?" 또는 "아니 내가 덮는 이불 빨래를 어떻게 남에게 맡겨!" 등 반응은 냉담했다. 무엇보다 동네 목소리 큰 할머니들이 "집에서 빨면 되지, 뭘 남에게 맡겨!"라고 주변 사람들에게 핀잔을 주는 바람에 할머니들의 반응은 쉽게 움직이지 않았었다.

그렇지만 시간이 지나면서 조금씩 변화의 움직임이 생기기 시작했다. 나에게 "차에서 어떻게 이불 빨래를 하는 거야?"라고 묻기 시작했고, "물은 어떻게 받고 헹굼과 탈수는 어떻게 하는 거야?", "세제나 섬유유연제도 넣는 거지?"라고 묻고 "이 사람 저 사람 이불을 한곳에 넣고 세탁하는 건 아니지?" 확인하는 사람이 늘면서 세탁을 의뢰하는 사람들도 점점 많아졌다. 그도 그럴 것이, 이불 빨래는 할머니들의 골칫덩어리였기 때문이다. 작고 가벼운 이불은 가정에서 세탁할 수 있지만, 무겁고 큰 겨울 이불이나 카펫은 가정용 세탁기에 들어가지도 않을 뿐만 아니라 넣고 꺼내는 것도 엄두가 나지 않는 일이었다.

처음 이불 세탁을 시작할 무렵 할머니들이 가져온 이불은 지저분하기 짝이 없었다. 때가 시커멓게 찌든 이불도 있었고, 언제 세탁했는지 풀칠한 것처럼 꼬깃꼬깃한 이불도 있었다. 나와 봉사자들은 "이게 사람들이 덮는 이불이 맞을까?" 싶은 것도 있었고 "아이고 이게 무슨 냄새야?"라고 할 정도로 악취에 가까운 이불도 몰려들었다. 그뿐 아니라 이불 구석구석에 곰팡이가 하얗게 생긴 이불도 세탁해 달라고 요청하곤 했었다.

우리는 순간온수기로 데운 뜨거운 물로 한 시간 이상 세탁을 한 뒤 여러 번의 헹굼을 거쳐 탈수하기 때문에 깨끗하게 세탁되는 편이었다. 할머니들도 "여기서 세탁 하면 집에서 하는 것보다 아주 깨끗해!"라며 흡족해하셨다. 깨끗하고 뽀송뽀송한 이불을 받아 든 할머니들의 환한 미소에서 보람을 느낄 수 있었다.

이불은 나에 있어 안식처나 다름없다. 하루 일을 마치고 피곤한 몸을 이불로 감싸안으면 나도 모르게 하루의 피로가 풀리고 마음도 평온해진다. 이불속에서 잠들기 전까지 뒹구는 그 시간은 최고의 행복이 아닐 수 없다. 시골에서는 간혹 솜이불이 나오기도 했다. 아마도 할머니가 시집올 때 가져온 것이거나 며느리를 얻으면서 혼수로 받은 것인지도 모른다. 솜이불을 세탁기에 넣고 빨았다가는 탈수할 때 한쪽으로 뭉치는 바람에 곤욕을 치르기도 했다. 그래서 홑이불을 분리해서 세탁하곤 했다. 하얀 솜이불을 새로 덮고 자는 날은 금방 꿈속으로 빠져들기 마련이다.

이불속은 추억의 공간이다. 어릴 적 시골 사랑방에서 남녀 친구들이 둘러앉아 이불속에 다리를 넣고 밤새도록 이야기꽃을 피웠던 곳이기도 하다. 그 이불속에서 내가 좋아하는 여자아이의 발을 찾아 발바닥에 글씨 편지도 쓰고, 간지럼 태우며 남들 모르게 피식피식 웃음을 나누기도 했다. 갑자기 한 친구가 이불을 세차게 당겨 친구들의 발 모양을 검사하기도 했었다. 이성 친구끼리 발장난 하는 걸 모를 리 없는 친구들은 그냥 모른 척 눈감아 줬는지도 모를 일이다.

우리 동네는 안채와 사랑채가 멀리 떨어져 있는 친구네 집이 아지트였다. 저녁만 먹으면 그곳에 모여 야식도 먹고 술래잡기나 수건돌리기 등의 놀이를 하기도 했다. 간혹 친구들이 돌아가며 박수치고 노래하면서 많은 추억을 만들었던 곳이다. 어떤 친구는 밤이 깊어지면 동네 참외밭에서 서리를 해왔고, 어떤 친구는 친구네 집 닭장에서 몰래 훔쳐온 닭을 가게에 넘기고 라면을 끓여 먹기도 했었다. 시골집 사랑채에 있던 무겁고 울긋불긋한 밍크 이불이 우리에게 많은 추억을 남겨주었다.

우리가 어릴 적에는 초등학교 입학할 때 가슴에 커다란 손수건을 매달고 다녔다. 너나 할 것 없이 코끝에 누렇고 진한 콧물이 길게 늘어져 한번 들이키면 콧속으로 쏙 들어갔다가 얼마 지나지 않아 다시 길게 늘이는 게 보통이었다. 어머니는 손수건으로 코를 닦으라고 가슴에 매달아 주었지만, 대부분 친구는 코를 질질 흘리고 다니는 시대였다.

그 무렵 아침이면 옆집 친구가 머리에 키를 뒤집어쓴 채 쪽박 하나 들고 우리 집에 소금을 얻으러 왔었다. 소금을 얻어오게 하는 것은 아이들의 몸에 귀신이 붙어 생리 조절을 못 한다고 생각했기 때문에 귀신을 물리치기 위한 수단이기도 했지만, 창피함을 느끼고 빨리 오줌을 가리게 하려는 수단이었을 것이다.

"에이 오줌싸개 왔네. 이제 뚝 떨어져라."

그럴 때 우리 어머니는 부지깽이로 키를 내리치며 소리를 지르고 소금 한 주먹을 쪽박에 담아주시곤 했었다. 물론 나도 그런 적이 있었다. 이불에 누렇게 지도를 그린 날에는 어김없이 키를 뒤집어쓰고 이웃집에 다녀오라고 했다. 이웃집 친구 엄마로부터 혼나기도 했고, 행여 여자 친구가 쳐다볼까? 꽁무니를 빼기도 했다. 길거리에서 사람을 만나면 담벼락에 붙어 옆걸음치던 기억도 잊히지 않는다. 그 당시에는 얼마나 창피했던지 다시는 기억하고 싶지 않은 끔찍한 일이었다. 그런 날에는 친구의 집이나 우리 집 빨랫줄에는 새로 세탁한 이불이 덩그러니 걸려있었다. 계절이 바뀔 때도 아닌데 무거운 이불이 빨랫줄에 걸려있는 날 동네 여자들이 지나가며 바라보는 게 그렇게 부끄러울 수 없었다.

이불은 사랑의 징표다. 결혼을 앞둔 새색시의 집에는 한동안 신혼살림 준비로 분주하다. 예전에는 할머니들이 홑이불 풀 먹이고 둥그렇게 모여 앉아 이불을 꿰매는 바느질 모습이 정겨웠다. 그때는 동네 솜씨 좋은 아주머니 몇 명이 달라붙어 이불을 만들기도 했었다. 시대가 좀 지난 뒤에는 어머니와 함께 동네 이불 시장을 돌아다니며 여름 이불과 겨울 이불을 고루 사다가 방 한편에 수북이 쌓아 놓았던 모습이 가슴을 콩닥이게 했다.

지금은 이불보다는 가구를 준비하는 것이 신혼 준비나 다름없다. 청소년기 시절 우리는 동네 누나들의 이불 꾸미는 모습을 보면서 그 이불속에서 무슨 일이 일어날까 야릇한 상상도 하고 호기심으로 가득 차기도 했다. 남녀 간의 사랑은 깨끗하고 보송보송한 이불속에서 시작된다. 남녀가 몸 구석구석을 내어주며 서로 느끼고 공감하면서 한 몸으로 만들어진다. 부부는 일심동체라고 하는데, 드디어 한 마음 한 몸으로 새롭게 태어난다. 애정 영화에 침대 위 하얀 이불만 비춰도 그 속에 나뒹구는 연인의 모습이 묘하게 그려지고 그 이불만 봐도 사랑하고 싶고 금방 사랑할 것 같은 뉘앙스를 남긴다. 그래서일까? 주부들은 남편과 소원해질 때쯤이면 이불을 새로 바꾸거나 깨끗하게 빨아 보송보송하게 만들어 놓는다.

간혹 손주들이 집에 올 때 이불속은 놀이터나 다름없다. 이불 위에서 재주넘어 구르기를 하거나 물구나무를 서다 이리저리 넘어지는 놀이를 즐긴다. 이불속에 동생을 감싸고 이리저리 끌고 다니며 웃음꽃을 피운다. 아이들이 씨름하는지, 술래잡기를 하는지 방 안은 온통 난장판을 만들기 일쑤이다. 물론 우리가 어릴 적에도 이불 위에서 장난치다 잠자리에 들곤 했었다. 그런데 요즘 손자들을 봐도 하는 행동이 그때와 똑같다.

그렇듯 이불에 대한 추억은 끝이 없다. 할머니들이 가져온 이불은 어떤 이불인지 금방 알아차릴 수 있다. 조금 좋아 보이거나 고급스러운 이불은 며느리가 해온 이불이다. 우리가 할머니에게 "이건 비싼 이불인데요?"라고 물으면 여지없이 "이건, 큰애 결혼할 때 받은 것이고, 이건 작은 며느리가 해온 거야!"라고 말한다. 예전에는 며느리가 들어올 때도 이불을 해왔지만, 조카며느리가 들어올 때도 작은 이불 한 채씩 혼수로 받곤 했다. 할머니들은 오랜 세월이 흘러 이불이 너덜너덜 할지언정 누가 가져온 것인지 모두 기억하고 있었다. 동네 아줌마들은 혼수로 가져온 이불을 보고 친정집이 어느 정도 사는지 평가하기도 했다.

　한참 세탁기가 돌아가고 있을 때 한 할머니가 꼭꼭 동여맨 이불 보자기를 가져다 놓으며 "이건 좀 지저분한데 빨아줘요."라고 했다. 나는 이불이 너무 지저분해 "이건 덮는 게 아닌 것 같은데요?"라고 물었더니 "메주 띄울 때 쓰는 이불인데 집에서 빨기도 그래서 가져왔다."며 미안해했다. 혼수로 들어온 이불도 오래 쓰고 난 뒤에도, 메주 단지나 겨울철 보일러를 덮는 데 쓰다가 다 떨어져야 버리곤 했었다.
　할머니들의 이불은 연령대별로 차이가 났다. 80대 할머니들은 아직도 솜이불이나 밍크 이불을 가져오고, 70대 할머니들은 가볍고 부드러운 촉감에다 관리하기 쉬운 극세사 이불이 대부분이었다. 요즘은 따뜻한 공기는 잡아두고 외부 차가운 공기는 차단해 일정한 체온을 유지하는 거위 털 이불이 대세인 것 같다. 이불은 건강한 잠을 부르기 때문에 주부들이 이불을 고르는데 한참 망설이고 비싼 이불을 사는지도 모른다.
　우리가 마을을 순회하며 이불 세탁을 해준 게 10여 년이 지났다. 지금은 시골이나 도시의 이불에서 악취가 나거나 곰팡이 낀 이불을 찾을 수 없다. 무엇보다 할머니들의 쾌적한 잠자리를 제공해 주고 좀 더 건강한 삶을 살 수 있도록 한 것에 자부심을 느낀다. 늘 할머니들의 고마워하는 눈빛과 표정이 날 행복하게 한다.

코로나도 뚫고 왔네!

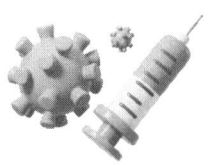

2020년 2월 내가 태어나서 처음 겪는, 우리가 한 번도 들어보지 못한, 경험하지 못했던 일이 순식간에 우리 곁으로 들이닥쳤다. 아주 짧은 기간에 나라 전체를 초토화시키고 말았다. 증상은 발열, 기침, 호흡곤란 등이고 면역력이 약한 고위험군에는 치명적이라는 소문이 퍼지기 시작했다. 처음에는 중국 '우한 폐렴'이라 불리다가 결국 코로나-19로 불리게 되었다. 코로나를 일으키는 SARS-cov-2는 박쥐의 몸속에 40년이나 70년 가까이 있으면서 변이를 일으킨 바이러스 때문이라는 정의가 내려졌다.

동네 한 사람이 확진 판정을 받은 뒤 그 사람이 다녀간 목욕탕에 함께 있었던 사람들을 모두 전수 조사해 격리 조치에 들어갔다. 바깥출입을 통제하고 보건소에서 먹을 음식을 집 앞에 배달해 주는 풍경도 난생처음 봤다. 확진자는 방안에 가둬두고 식구들조차 집안에서 또 격리했다. 확진자의 동선에 따라 백화점, 식당, 택시 등 닥치는 대로 격리에 들어갔고, 모든 시민이 마스크를 쓰기 시작했다. 마스크를 구하는 것도 하늘의 별 따기라 약국 앞에서 기다랗게 줄서기를 하면서 그것도 열 개씩 한정된 만큼만 살 수 있었다. 마스크를 끼지 않고는 어느 곳도 들어갈 수 없었고 길가에도 걸을 수 없으니 난리도 이런 난리는 없었다.

코로나바이러스는 주로 기침이나 재채기할 때 침방울을 통해 전파되며 밀접 접촉 시 감염된다고 했다. 우리가 한 번도 경험하지 못한 용어들이 나오기 시작한다. 확진자, 자가격리, 사회적 거리 두기, 집합 제한 명령, 선별진료소, 드라이브 스루 등의 듣지도 보지도 못한 용어들이다. 확진자 한 명의 이동 동선에 따라 그 버스를 탔던 사람을 추적하고, 그 식당에 갔던 사람의 동선을 따져보는 것도 하루이틀이지 확진자가 늘어나면서 무용지물이 되고 말았다. 온 동네, 어느 지역도 마음 편하게 움직일 수 없게 되었다. 그야말로 봉쇄였다.

그렇게 되면서 일상생활이 다 흐트러졌다. 초등학교에 입학한 병아리 신입생이 엄마 아빠도 경험하지 못한 온라인 수업을 했고, 대학에 입학했지만, 친구들이나 교수의 얼굴을 보지도 못한 채 컴퓨터 화면을 통해 얼굴을 익히는 꼴이 되었다. 학생들이 종일 집에 있으니 주부들도 죽을 지경이라고 하소연한다. 아침 먹고 치우면 점심 준비를 해야 하고, 점심 먹고 잠시 있으면 저녁 준비를 해야 하니 종일 부엌일에 시달린다. 그것도 하루이틀이 아니고 끝이 보이지 않는 길고 긴 생활이 되다 보니 지치기 시작한다. 엄마도 지치고, 뛰어놀아야 할 아이들도 지치긴 마찬가지였다. 식구 수에 따라 마스크를 사들이기도 쉬운 일이 아니었다.

"아이고, 언제까지 이렇게 살아야 하는 거야?"

아내가 남편에게 물어보지만, 남편도 대답할 수가 없다. 하늘에 떠다니는 침방울이나 공기가 언제 정화될지 아무도 모르는 일이다. TV 뉴스를 틀어도 어느 나라는 여행이 중지되었고 몇 명이 코로나 확진으로 봉쇄되었다는 말만 나오더니, 이제는 쓰러져 죽는 사람이 늘어나면서 화장장을 구하지 못해 사일장을 하니, 오일장을 한다는 소리만 나오니 언제 끝날지 아무도 예단할 수 없는 일이었다.

"글쎄, 평생 이렇게 살아야 하는 걸까?
우리만의 문제도 아니고 세계 전체의 일인데 몇 달 만에 끝나겠어. 장기전으로 돌입해야 할 것 같아"

남편의 말은 더 힘 빠지게 했다. 서너 살 된 아기도 마스크를 써야 하고, 숨쉬기조차 힘든 구순 노인도 마스크를 해야 하니 죽을 지경이다. 한쪽에서는 "사람이 무슨 큰 죄를 지었기에 이렇게 입막음을 당하느냐?"라며 하소연하지만, 답이 없어 보인다. 그나마 주말이면 가족 서너 명은 차를 타고 바람도 쐴 겸 맛집이라도 다닐 수 있어 다행한 일이었다. 문제는 나이가 많은 노인들이다. 시골집에 혼자 살고 있는 독거노인들은 더 봉쇄당하는 모습이다.

주말이 되었지만, 집에 찾아오는 자식들의 발길이 뚝 끊겼다. 추석이 다가오고, 다시 설날이 찾아오지만, 예전처럼 가족들이 모여들지 않는다. TV에서는 "어른들이 자식들에게 '이번 명절에는 집에 오지 않아도 된다.'라고 전화하라."고 일러준다. 노인들이 숨 쉬고 일상생활이 된 경로당도 굳게 자물쇠가 걸려있었다. 노인들이 즐겁게 시간을 보낼 수 있는 복지관도 폐쇄되었다. 이웃집 노인을 만나고 싶어도 서로 눈치 보여 찾아갈 수가 없다. 그냥 온종일 집에 갇힌 채 TV밖에 친구 할 게 없다.

집 안에만 머물다 못 견디겠다며 길거리로 나온 노인들이 나무 그늘이나 벤치에 모여드는 모습이 처량하기만 하다. 마을 구석구석에 앉아 있는 어른들은 이구동성으로 하소연했다. "경로당에 나가야 여럿이 TV를 보고 이런저런 이야기를 하는데 답답해 죽겠다.", "자식들의 왕래도 끊기고 찾아오는 사람도 없으니, 감옥생활이나 다름없다."라고 투덜댄다. 마스크를 낀 채 길가 벤치에 마주 앉은 할머니들의 표정에 근심이 가득하다.

"찬 바람이 불면 좀 나아질까요?"

누군가 물어보지만, 아무도 뚜렷한 대답을 해줄 수 없었다. 답답하긴 다 마찬가지였다. "아니, 몇 년 전 메르스(MERS)가 유행할 때는 겨울 찬 바람이 불면서 순식간에 없어지긴 했지." 그런데 이번에는 전 세계가 난리통이라 아무래도 쉽게 끝나지 않을 것 같다는 말에 걱정스러운 표정으로 고개를 끄덕인다. 한 치 앞을 예상할 수 없는 노릇이라 더 답답했는지 모른다.

그런 난리통에도 우리는 어르신들의 빨래 봉사를 멈추지 않았다. 코로나19 확산으로 정부의 사회적 거리 두기 지침이 떨어지고 경로당 문은 굳게 닫혔지만, 봄철로 접어들면서 겨울 이불 빨래를 걱정하는 사람들이 줄어들지 않았다. 커피숍 드라이브 스루처럼, 포장 음식이 늘어나는 것처럼, 택배를 문 앞에 놓아두는 것처럼 우리도 빨래 방법을 조금 바꿨다. 빨래할 사람은 이불 보자기에 이름을 적은 메모장을 꼽아 경로당 앞에 가져다 놓거나, 집 마루에 놓아두면 된다. 우리는 이불을 세탁해서 경로당 앞에 그대로 놓거나 집에 배달해 빨랫줄에 널어주는 방법이다. 나와 할머니는 서로 얼굴을 보지 않은 채 그냥 전화로만 소통했다. 자원봉사자도 두 명만 오게 하고, 손소독제를 뿌리게 하며, 세탁기를 비롯한 내부 물품은 매일 소독 걸레로 문질렀다. 세탁하는 동안 차 안에는 필요한 사람만 한두 명씩 들어가 가급적 접촉을 피했다.

이런 방식의 빨래 봉사는 할머니들에게 좀 더 익숙해지기 시작하는 듯했다. 익숙하기보다는 훨씬 편해지니까 반응도 좋았다. 이불만 쌓아 놓으면 세탁해서 가져다주니 그보다 더 좋을 게 없는가 보다. 할머니들은 전화로 내게 할 말은 다 하는 편이다. 문제는 다른 곳에 또 있다고 했다.

"이러다 입가에 털 나겠어."

이불을 널어줘서 고맙다며 평소 친하게 지내던 할머니가 내게 전화로 한 이야기다. 나는 무슨 뜻인가 싶어 다시 물었다. "무슨 말씀이세요?", "할머니 입가에 털이 나다니?" 그러자, 할머니는 말을 꺼내기 시작했다. 여자들은 누구를 만나든 하루 종일 수다를 떨어야 하는데 경로당을 못 나가니 답답해 죽겠다는 것이다. 벽에 대고 말할 수도 없고 오직 말할 상대는 TV에 나오는 사람들뿐이라며 외로움을 호소했다. 코로나19가 침범한 이후 제일 힘든 사람은 혼자 사는 노인들이었다.

입에는 답답한 마스크를 꾹 눌러쓴 채 이웃집 할머니와 담장을 사이에 두고 대화를 나누다 보니 목소리는 커지기 시작했고, 몰래 한두 명씩 모여 마을이나 세상 돌아가는 이야기를 나누는 게 대화의 전부라고 했다. 코로나19는 그해 겨울을 지냈지만 없어지지 않았고 다시 봄이 오고 여름이 가는데 사라질 기미가 전혀 보이지 않는다. 우리는 그렇게 2020년을 보냈고 2021년 봄을 맞이했다.

"아이고, 선생님은 오늘도 코로나를 뚫고 왔네."

한 할머니가 우리를 반기며 환하게 미소 짓는다. 마스크를 깊게 눌러쓴 눈가에 그분의 미소가 흐릿하게 그려졌다. 동네 부녀회장만 우리를 잠시 맞이하고 씽하니 돌아갔다. 동네는 적막강산이나 다름이 없다. 걸어 다니는 사람도 없고 모든 집의 창문은 굳게 닫혀 있었다. 우리는 코로나19가 있는 3년 내내 이렇게 빨래 봉사를 다녔다. 사회적 거리두기나 집합 제한 명령이 내려졌을 때도 중단한 적이 없었다. 나는 내 일을 하는 것이라지만, 자원봉사를 다니는 사람들도 망설임이 없었다. 간혹 어떤 봉사자는 '기저질환을 앓고 있는 시어머니가 언제 무슨 일이 생길지 모르니 절대 돌아다니지 말라.'는 남편의 경고를 받았다며 식당에 가서 밥도 먹지 않는 사람이 있었다. 어떤 봉사자는 이불을 꺼내고 넣을 때 혼자 하겠다는 사람도 있었다. 물론 세탁차 내부에 들어가지 않고 봉사 시간 내내 밖에서 서성이는 사람도 있을 만큼 주의를 기울이며 봉사활동을 했던 것 같다.

코로나19가 사라질 때까지 우리는 그렇게 지냈다. 코로나가 확산되고 사무실 직원이나 봉사자를 포함해 우리의 턱밑까지 다가온 상황에서도 멈추지 않고 마을을 헤집고 다녔다. 그 이유는 오직 우릴 기다리는 할머니들이 있었기 때문이다. 코로나처럼 공기를 통해 전염되는 시기에는 기저질환을 앓고 있고 면역력이 약한 노인들에게 더더욱 쾌적한 환경을 만들어줘야 한다는 점도 반영된 것 같다. 그렇지만, 코로나19로 인해 많은 것이 변했다. 젊은 사람들은 더 이기적으로 변한 것 같고, 남을 조금 덜 생각해도 괜찮은 것처럼 흘러버린 것 같아 아쉽다. 그래도 할머니들이 우리에게 전했던 그 말을 아직도 기억하고 있다.

"오늘도 코로나를 뚫고 오셨네."

산골짜기 출장

오늘은 향적산 자락 동곡골로 길을 나섰다. 마을이라고 표현하기는 좀 그렇지만, 독립가옥 예닐곱 채가 흩어져있는 산골짜기 계곡마을이다. 2.5톤 세탁차에 물이 가득 담겨서인지 출렁거리는 듯, 묵직한 듯해 조심스럽게 좁은 골목길로 접어들었다. 아스팔트를 지나자, 차 한 대가 겨우 지나갈 정도의 좁은 시멘트 농로가 나왔고 조금 더 올라가니 비포장 길이 나타났다. 장마철인 데다 며칠 전 비가 내려서인지 길은 움푹 움푹 패여 차량 바퀴가 닿을 때마다 큰 트럭이 기우뚱댄다.

1단으로 기어 변경을 했지만, 처음 올라가는 경사진 길이라 불안한 마음에 기어 손잡이를 꽉 쥐어 잡고 천천히 가속페달을 밟으며 올라갔다. 그다지 높지 않은 곳인데도 차량의 무게 때문인지, 탑차인 관계로 무게중심이 윗부분에 있어서인지 불안했다. 차가 행여 뒤로 밀릴 수도 있고 전복될 우려도 있다 보니 불안감이 몰려와 몸이 오싹해졌다. 위쪽으로는 축 늘어진 나뭇가지에 걸릴까 조마조마했고, 바닥에는 자갈 때문에 헛바퀴가 돌기도 했지만 멈추지 않고 오르는데 머리카락이 곤두서는 듯했다. 한쪽이 낭떠러지인 농로를 지나는데 지반이 약해서 인지 차량이 뒤뚱거릴 때마다 높은 운전석에서 느끼는 불안감은 훨씬 더했다.

"이 차 안에서 이불 빨래를 해요?"
"아이고 이런 산골까지 세탁차가 오다니 이게 무슨 일이래? 오래 살고 볼 일이야!"

시골집 앞마당에 이동 세탁차를 주차하자 동네 사람들이 신기한 듯 몰려들어 이리 보고 저리 보며 무척 반기는 분위기였다. 이곳저곳 띄엄띄엄 떨어져 사는 사람들이 이불 보따리를 들고 나타나기 시작했다. 어떤 남자분은 손수레에 이불을 가득 싣고 왔고, 어떤 분은 헝겊 끈으로 꽁꽁 묶어 어깨에 둘러메고 나타났다. 나이가 많으신 어르신 집에는 나와 봉사자가 달려가 수거도 해왔다.

한 할아버지가 이불 보따리를 내려놓으며 한마디 던진다. "겨울 이불을 아직도 못 빨았는데 천만다행이네."라고 하고, 홀아비라는 사람은 "이불이 지저분해서 냄새가 좀 날 거예요."라고 말하는 표정은 약간 들뜬 모습이었다. 대부분 이불은 지저분했고, 봉사자들이 금방 마스크를 낄 정도로 냄새도 심했다.

사람들의 살아가는 모습도 다양했다. 손수레를 끌고 온 늙수룩한 남자가 자기를 소개하기 시작했다. "나는 오갈 데 없어 떠돌이 노숙자 생활을 해왔는데 조그만 암자에 계신 스님이 거처를 마련해 줘 이곳에 정착했다."라면서 "요즘은 이집 저집 머슴살이하면서 끼니를 때우고 있다."라고 했다. 그러면서 "남의 논일과 밭일도 도와주고 때로는 시내로 내려가 폐지나 고철을 수집해 팔고 있다."라고 했다. 나는 그분의 이야기를 들으면서 아직도 머슴살이라는 말을 쓰는 걸 보고 의아심이 들었다. 그래서 되물었다. "어떻게 하다 그렇게 되신 거예요?"라고 하자, 그동안 서울에서 사업하다 폭삭 망한 이야기, 사람들에 속고 치이며 살아왔다는 이야기를 늘어놓기 시작했다. "세상 모든 게 싫어지고 원망스러워지니까 아무 생각 없이 그냥 살아지더라."라고 했다. 그렇게 몇 년을 지내다 이곳까지 오게 됐다고 했다.

그런데도 말은 청산유수였다. "거처할 곳 없는 사람에게 방 한 칸 내줬으니 주인집 궂은일도 하고 바쁠 때는 밭일도 도와주고 있다."라면서 "방 한 칸이라고 하지만 보일러도 없고 겨우 전깃불만 들어오는 곳인데 밤에는 이불 푹 뒤집어쓰고 있으면 견딜 만해요."라며 피식 웃었다. 그런 그의 모습이 너무도 천진난만해 보인다. 나는 얼마 뒤 지역 내 사회복지기관과 연계하여 그 집에 전기장판과 가전제품 등 물품 지원과 푸드뱅크를 통해 식재료 등도 지원할 수 있도록 연결해 주었다.

또 한 사람은 작은 규모의 사찰에서 기도를 올리거나 천도재 등 제사를 지낼 때 물건을 나르고, 제물을 쌓아 올리는 일을 하는 사람이다. 수도나 보일러도 없는 무허가 비닐하우스에서 혼자 수행하듯 살고 있는 독신 남성이다. 그분도 말하는 게 청산유수였다. "예전에는 기도하러 오는 사람들이 제법 많았는데 요즘에는 사람이 없어 목구멍에 거미줄 치게 생겼다."라고 말했다. "한참 손님이 많을 때는 하루 종일 제물을 실어 나르고 쌓기도 바빴지만, 제사를 지내고 난 뒤 남은 음식을 처리하는 것도 바쁠 때가 있었다. 그런데 지금은 손님이 없는 걸 보니 경기가 안 좋긴 한가 봐!"라며 경기 타령을 했다.

또 한 사람은 그 동네에서 스님이라고 불리는 사람이다. 원래 신도안지역은 계룡대가 들어서기 전에는 불교계, 동학계, 기독교계, 유교계, 단군계, 도교계 등 104개의 교단이 계룡산 곳곳에 자리 잡고 있었던 곳이다. 그만큼 계룡산은 기(氣)가 센 곳이라는 뜻이다. 그분도 정식 스님인지는 알 수 없지만 일반 가정집 뒤편 조그만 암자에서 기도 생활을 하는 분이고, 부인인지 보살인지 함께 살고 있는 것 같았다. 여러 사람이 드나드는 곳이라 크고 무거운 이불보다는 작은 이불 여러 채를 손수레에 싣고 오셨다.

그 골짜기 마을에서 유일하게 세탁을 맡기지 않은 집을 찾아갔다. 팔순이 넘은 노부부가 살고 있는 집이었다. 나는 "기왕 우리가 왔으니 사용하던 이불을 세탁해 드리고 싶다."라고 하자, 할머니는 약간 의심스러운 눈초리로 쳐다보면서도 이불을 금방 내줄 것 같았는데 옆에 있던 할아버지가 퉁명스럽게 한마디 던진다. "남에게 무슨 이불을 맡겨?"라고 하자, 할머니는 움찔하며 "빨게 없다."라고 손을 내저으신다. 우리가 8년 전 처음으로 이동 세탁을 시작할 때 어르신들의 반응과 어쩌면 그렇게 똑같을까 생각했다. 나는 하는 수 없이 되돌아왔다.

물론 그분들도 석 달 뒤 다시 갔을 때는 이불과 카펫 등 세탁물을 내놓았고, 지금은 갈 때마다 빨랫감을 맡기신다. 그분들도 주변 사람들로부터 깨끗하게 세탁된다는 말을 듣고, 무료로 해주는 이불 빨래를 굳이 거절할 이유가 없다는 걸 알기 때문에 조금씩 변한 것이다. 한번 해 보니까 좋다는 걸 느끼는 것이다. 우리가 처음 이동 세탁을 시작할 때 다른 마을에서 겪었던 일이기도 했다. 이 골짜기 마을도 조금씩 변화의 바람이 불고 있다.

한참 세탁기가 돌아가고 있는데 마당을 내어주고 수도를 기꺼이 연결해 준 주인집 아주머니가 쟁반에 간식을 들고 왔다. 산골짜기에서 기르는 오리, 거위가 낳은 알을 삶아온 것이었다. 나도 그렇지만 봉사자들도 눈이 휘둥그레지면서 "아니 어디서 이런 걸 먹어보겠어요. 오늘 몸보신 톡톡히 하네!"라며 너스레를 떨기 시작했다. 산속에서 먹는 간식과 커피 한잔은 어느 유명 카페에서 마시는 것보다 맛있었고, 입안이 행복해지는 걸 느꼈다.

이 마을은 내가 군인으로 근무할 때 체력 단련을 위해 등산을 다니던 곳이다. 그런데 그때 걸으면서 보았던 마을과 내가 찾아와 본 마을은 너무도 달랐다. 그냥 풍요로운 시골 마을이구나 생각했지만, 막상 마을에 와보니 한 사람 한 사람 애환도 있고 사정도 달랐다. 그렇듯 그냥 보이는 것과 내면을 알고 바라보는 것은 아주 다르다는 걸 다시 한번 느낀다.

산 중턱에서 저 멀리 시내 아파트와 건물이 내려다보인다. 거리는 멀지 않은 곳이지만 사람들이 살아가는 모습은 너무도 달랐다. 집의 모습도 달랐고, 살아가는 환경도 너무 다른데다 사람들의 생각도 달라 보였다. 저마다 여유로운 모습이었다. 말도 느린 것처럼 보였고 급한 것도 없을 것 같은 사람들이다. 숲속에서 자연과 함께 지내는 사람들이고, 집 주변에 닭이나 오리, 개를 키우는 사람들이며, 통나무에서 버섯을 키우고 따먹는 사람들이니 그만큼 마음의 여유를 느끼며 살고 있는지도 모른다.

오늘도 초여름이지만 무더운 찜통더위였다. 산골짜기에서 자원봉사자들과 땀을 뻘뻘 흘린 하루였지만 그래도 그 사람들의 쾌적한 잠자리를 돌봐 주었다는 생각에 보람을 느낀다. 사회복지를 하는 사람으로서 어려운 분들을 발굴하고 사회단체와 연계시켜 각종 지원을 받을 수 있도록 해준 것도 마음이 뿌듯했다. '더 촘촘하고 더 두텁게'라는 K-복지 모델을 지향한다.

| 빨래터

　한국 영화에는 간혹 흰 저고리와 검은색 치마를 입은 아낙네들이 마을 냇가에 둘러앉아 방망이를 두들기는 빨래터가 등장한다. 아낙네들은 치마를 무릎까지 걷어 올리고 어떤 사람은 하얀 허벅지를 드러낸 채 자리를 잡는다. 하나같이 넓적한 돌멩이에 엉덩이를 맡긴 채 내 영역을 만든다. 그리고 빨래가 가득 담긴 대야와 빨랫비누 한 개를 옆에 놓고 방망이를 챙기면 빨래할 준비가 끝난다. 흘러가는 냇물에 빨래 한 개를 꺼내 휠휠 내젓듯 물을 묻힌 뒤 이쪽저쪽, 앞쪽과 뒤쪽에 비누칠하는 모습이 너무 자연스럽다. 그러고는 길쭉한 방망이를 다듬이질하듯 내려친다. 냇물을 중심으로 길게 걸터앉은 아낙네들의 방망이 내려치는 소리도 유명 오케스트라처럼 경쾌하지만, 일렬로 앉아 있는 모습도 제복 입은 군인들처럼 질서정연하다.
　빨래터는 시골 동네 냇가에 자리를 잡게 마련이다. 어느 동네는 크고 넓적한 돌을 모아 근사하게 만들었을 것이고 어느 동네는 작은 돌에 시멘트를 섞어 콘크리트처럼 만든 곳도 있으니 그 동네 사람들의 특성이었으리라. 아낙네들이 빨래하기 좋게 만든 빨래터의 모습은 비슷했다.

시골이야 누구나 살아가는 형편이 비슷하므로 서로 약속하지 않더라도 아침 먹고 설거지를 한 다음 빨랫감을 머리에 이고 모이는 시간도 비슷하다. 이곳 빨래터는 동네 아낙들의 모임 장소이기도 하고 삶을 공유하는 공동 터이기도 했다. 옆집에 손님이 다녀간 것도, 어제저녁 누구의 제사를 지낸 것도, 누구네 부부가 싸운 것도, 누구네 아들이 오줌 싼 것도 다 이곳에서 공유된다. 누구네 집의 아저씨가 술 먹고 들어와 주정한 것도 드러나고, 옆집 처녀가 이웃 동네 남자애랑 늦게까지 연애하다 들어온 것도 빠질 리 없다. 우리 동네 모든 정보가 쏟아져 나오는 곳이기 때문이다.

모든 정보만 공유되는 건 아니다. 몇 명이 한 사람을 싸잡아 비난하고 험담하는 소리도 쏟아져 나오고, 누구를 따돌리는 것도 여기서 만들어진다. 그래서 빨래터에는 일찍 나가야 깨끗한 물을 쓸 수 있는 위쪽에 자리 잡을 수도 있지만, 일찍부터 정보를 나누는 데 유리하다. 뒤늦게 빨래터에 온 아낙은 사람들이 모여있는 틈을 비집고 자리를 잡는 것도 힘들지만, 그동안 무슨 대화를 하였는지 끼어들기도 쉽지 않다.

요즘도 여자 목욕탕은 예전 빨래터처럼 동네 모든 정보가 모이는 곳이라고 했다. 십여 명이 둘러앉아 있지만 말발 센 사람이 있고 매일 오는 토박이가 있으니 그 사람들이 분위기를 쥐 흔든다. 목욕탕 내에서 자연스럽게 서열이 정해지고, 언니 동생이 가려지기도 하며 자연스럽게 대장이 생기게 마련이다. 처음 어쩌다 사우나에 들어간 사람은 조리돌림을 당하기 십상이다. 발가벗은 몸을 여러 명이 구석구석 째려보는 눈빛들로 시선 둘 곳이 없게 만든다. 보통 대가 센 사람 아니고는 쪼그라들 대로 쪼그라들어 고양이 앞에 쥐가 된다.

나도 언젠가 그런 경험을 했었다. 목욕탕 문을 열고 들어갔는데 탕 안에 꽤 많은 사람이 둥그렇게 반신욕을 하고 있었다. 내가 들어가자, 모든 이의 시선이 나를 향했다. 그 많은 눈이 내 몸을 훑어보기 시작하는데 내 몸이 뜨거워지는 걸 느낄 정도였다. 빨리 샤워하고 나도 탕 안으로 쏙 들어갔다. 그리고 이 사람 저 사람의 얼굴을 바라보며 공동체가 되었다. 그리고 얼마 뒤 목욕탕 문이 또 열렸다. 그때도 나를 포함한 모든 사람이 새로 들어온 사람의 몸을 훑어보기 시작했다. '그놈 참, 실하구먼.'이라고 생각하는 사람도 있는 것 같았고, 어떤 사람은 '엉덩이 근육이 제법인데!' 하는 사람도 있는 것처럼 보였다.

그렇듯 빨래터 분위기도 비슷했다. 동네 말발이 가장 센 사람을 조심하기 마련이다. 막무가내인 사람, 욕을 잘하는 사람, 사납고 억센 사람이 어느 마을이나 있기 때문이다. 그래서 빨래하다 말고 싸움이 벌어지는 일도 허다했다. 도시에서는 대중목욕탕을 조심해야 했지만, 당시 시골에서는 빨래터를 조심해야 했다. 그렇지만 빨래터는 아낙들에게 욕구를 풀기에는 아주 적당한 곳이기도 했다. 여성들의 수다가 만병통치약인 건 예나 지금이나 변하지 않았다. 이곳에서 이웃집 아낙들과 시어머니 흉도 보고, 남편 흉도 마음껏 보면서 깔깔대는 시간이기 때문이다. 서로 얼굴을 마주 보며 깔깔대는 모습도 어찌 보면 소소한 행복인지 모른다. 집에서 층층 시하에 찌들어 온갖 스트레스를 받다가 모처럼 아낙들끼리만 모여 마음껏 흉보고 욕하면서 방망이를 두들기는 게 얼마나 시원할까?

아낙들의 스트레스를 해소하는 빨래의 진미는 바로 방망이질이다. 방망이로 빨래를 두드리면 옷감 섬유 깊숙한 곳에 박힌 먼지와 때가 손으로 문지르는 것보다 훨씬 잘 떼어낼 수 있다고 한다. 또한 손으로 하나하나 문지르는 것보다 방망이로 꽝꽝 내리치는 게 훨씬 빠르다. 옛날 어머니들이 물가에서 방망이를 들고 힘껏 빨래를 두드리던 모습은 단순히 힘든 노동이 아니라 가족을 위한 사랑의 표현이라고 보는 사람도 있다. 그 무엇보다 중요한 것은 미운 사람을 생각하면서 힘껏 내려치는 자체가 욕구를 해소하는 방법이기도 했다. 아낙들의 방망이질을 가만히 쳐다보면 웬수같은 신랑을 향해 내리치는 건지, 시어머니를 생각하며 내리치는지 팔에 힘이 가득 들어가 있는 게 훤히 보인다. 그렇게라도 욕구를 분출할 기회가 있으니 그 어려움과 고통을 이겨내며 살았는지 모른다.

내가 시골 마을로 이불 빨래를 다닐 때도 우물이나 빨래터가 눈에 띄었다. 둥근 우물이 있고 물바가지가 있는 걸 보니 우리 시골 동네 우물이 생각났다. 어머니가 머리에 동이를 이고 물을 퍼 나르던 모습도, 부엌 한 모퉁이 물항아리에 조금씩 물을 채우던 모습도, 우물가에 줄 서 기다리며 물바가지를 퍼 올리던 모습이 생생하게 소환된다. 물항아리에 가득한 물을 쳐다보는 어머니의 마음은 모든 것을 다 가진 듯 뿌듯한 모습이었다.

시골 마을에서 만난 할머니도 옛날 모습이 떠오르는 모양이다. 내가 시집왔을 때 새색시가 빨래터에 나오자, 동네 사람들이 다 몰려와 나만 뚫어져라 쳐다보는데 얼마나 부끄러웠는지 지금 생각해도 얼굴이 달아오른다고 했다. 지금은 마을 사람들이 다 떠나고 몇 가구 안 되지만, 그때는 우물가에 아낙들이 가득 모이면서 자리다툼이 엄청 심했다고 했다. 어렵게 자리를 잡아 손빨래하는데 짓궂은 아주머니가

"어제저녁 신랑이랑 뭐 했어?"라고 묻기도 하고,
"시집오니 신랑 살이 좋지?"

이웃집 아주머니가 짓궂은 걸 물으며 놀려대자, 동네 사람들이 나를 쳐다보며 웃음바다가 될 때는 얼마나 부끄러웠는지 모른다. 구순이 다

되어 가는 할머니도 그 우물을 쳐다보면 젊을 때 살아온 흔적이 다 떠오르는 모양이다.

　내가 어릴 적 빨래터는 마을 앞 냇가에 있었다. 넓적한 돌을 냇가 양쪽으로 쭉 늘어놓은 자연 그대로의 빨래터였다. 우리 논을 가기 위해서는 그곳을 지나쳐야 하는데 부끄러워 돌아가기도 했고 때로는 아주머니들이 있는지 살피고 지나갈 정도로 난 소심했었다.
　언젠가는 아무도 없는 줄 알고 그곳을 지나가는데 동네 새댁아줌마 혼자 빨래를 하고 있었다. 치마 끝을 걷어 올려 아랫도리가 그대로 눈에 들어와 얼마나 당황스러웠는지 모른다. 그 아주머니는 우리 동네로 시집온 지 얼마 되지 않는 새댁이었다. 사춘기 소년의 눈에 들어온 아주머니의 통통하고 하얀 허벅지는 잠시 숨을 멈추게 했다. 그 아주머니는 나를 보는 순간 넓게 벌리고 있던 허벅지를 끌어모았고 나는 뜨끔해하면서 고개를 돌렸었다. 엎드린 여자의 젖가슴이 소담스럽게 보이듯 쭈그려 앉은 여자의 엉덩이는 훨씬 풍만해 보이는 법이다. 요즘도 간혹 시골에서 칠순을 훌쩍 넘긴 그 아주머니를 만나는데 그때를 기억하는지 모르겠다. 내가 아직도 생생하게 기억하니 그 아주머니도 어렴풋이 기억하고 있지 않을까, 아니면 그게 뭐라고 기억할까, 쓸데없는 생각도 해본다. 그래도 사춘기에 본 그 아주머니의 모습은 아직도 생생하게 기억된다.
　빨래터의 모습은 시대적으로나 어느 지역에서나 비슷했던 모양이다. 조선 후기의 풍속 화가 김홍도가 그린 '빨래터의 여자와 남자'를 보나, 신윤복의 '단오풍정'을 봐도 비슷하다. 대한민국의 유명한 화가 박수근이 그린 '빨래터'에도 아낙들이 치마를 허벅지가 드러날 정도로 걷어 올린 모습과 여성들의 후덕한 엉덩이를 묘사하여 그린 모습이다. 그런 여인들의 모습을 훔쳐보는 남자들을 그린 걸 보면 어릴 적 보았던 빨래터의 모습과 똑같았다.

　우리 동네 빨래터는 밤이 되면 목욕간으로 변했었다. 저녁을 먹고 날이 어두워지면 한두 사람씩 짝을 지어 냇가로 나가 몸을 씻었다. 여성들은 좀 더 위쪽으로 올라갔고, 남자들은 아낙들의 빨래터에서 씻었다. 아마도 지나가는 사람들의 눈에 쉽게 띄지 않는 곳을 찾다 보니 조금 더 위쪽 넓은 물가에 여자들이 몰렸던 것 같다.

　초저녁에는 연세가 많은 할아버지, 할머니들이 냇가로 몰렸고, 어둠이 짙게 깔린 밤에는 젊은 남녀가 냇가 목욕간에 몰려 한참 동안 씻고 놀며 시간을 보내곤 했었다. 간혹 어린 사춘기 소년들이 후레쉬를 들고 저 멀리 아낙들에게 비추면 '으악' 소리를 내며 몸을 움츠리는 모습도 보였고, 불빛이 스치는 순간 여성들의 가슴을 감싼 모습과 흐릿한 엉덩이를 쳐다보며 낄낄대던 개구쟁이 남자아이들도 있었다. 그때는 그런 일이 있었다고 경찰에 신고하거나 고발하지 않았으니 참 좋은 동네였다. 우리 동네 빨래터도 세월이 흐르면서 그런 모습을 찾아볼 수 없게 됐다.

　내가 할머니들의 이불 빨래를 다녀보니 예전의 빨래터를 간직하고 있는 마을은 거의 없었지만, 아직도 향수를 불러일으킬 수 있는 멋진 빨래터가 보존된 마을도 있었다. 할머니들은 시집올 적 동네 사람들이 옹기종기 모여 앉아 방망이를 두들기던 기억이 고스란히 남아있을 것이다. 고생스러운 그때지만 지금 되돌아보면 좋은 추억이 된다. 오늘도 추억을 만들기 위해 발길을 돌려본다.

골칫덩이

 올봄에도 우리 집 창문 앞에 목련이 흐드러지게 피기 시작했다. 크고 둥근 꽃잎을 바라보고 벌의 발가락 깃털로 암수의 꽃 수술에 비벼대며 수정해 주기도 하지만 여왕벌이 있는 집에 달려가 하루 모은 꿀을 쏟아내는 발놀림에 감탄하지 않을 수 없다.
 매년 피고 지는 꽃이지만, 올해 보는 꽃이 가장 예쁘고 소담스럽다며 그 순간을 놓치지 않으려는 구경꾼들이 곳곳에서 모여든다. 고속도로는 꽃구경 떠나는 버스가 줄을 잇는다. 버스 안에서는 '여수 밤바다' 노랫소리가 울려 퍼지고, '오늘이 가장 젊은 날'을 외치는 관광객들이 여기저기서 눈에 띈다. 길가에는 벚꽃이 흐드러지게 피고 어느 집이나 울타리에는 노란 개나리가 자리 잡았다. 앞산에는 진달래가 만발하더니 뒷산에는 철쭉이 온 산을 뒤덮은 모습이 마치 커다란 꽃봉오리를 보는 듯 마음 설레게 한다.
 만물이 소생하고 누구나 마음을 들뜨게 하는 봄날에 힘없이 주저앉아 연신 기침해대는 한 사람이 눈에 띈다. 그 사람은 하늘을 떠다니는 꽃가루와 송홧가루를 견디지 못해 병원에 들락거리는 신세가 되고 만다고 했다. 꽃가루 알레르기를 앓고 있는 사람들은 봄이 가장 힘들다고 울부짖는다. 아침에 일어나면 차 위에 소복하게 쌓여 있는 노란 송홧가루를 쳐다보며 '언제 봄이 지나가느냐?'며 하소연한다. 그 사람들에게는 봄꽃이 골칫덩이가 되고 만 것이다. 어제 세차를 했지만, 오늘도 노랗게 앉은 꽃가루가 야속하기만 한 모양이다.

봄마다 여지없이 찾아드는 미세먼지나 황사는 우리나라의 골칫덩이가 되고 있다. 중국에 항의하고 따져보지만, 해결할 뚜렷한 방법이 없으니 죽을 맛이 아닐 수 없다. 오늘도 앞산이 보이지 않을 정도로 미세먼지가 나쁨 수준이다. 여름에는 끝도 없이 달려드는 모기가 있고, 밤낮없이 울어대는 매미 소리가 우릴 괴롭힌다.

매미는 땅속에서 나무뿌리의 수액을 빨아먹으며 7년간 애벌레로 살다 땅 위로 올라와 마지막 탈피를 한다. 땅 밖에서 7일 길면 20일 사는 동안 2세를 보아야 한다. 절박하다. 목청 높여 암컷을 부르고 짝짓기하면 그 매미는 성공한 인생이다. 수컷 매미 100마리 가운데 짝짓기에 성공하는 매미는 단 4마리 정도라고 하니 매미 우는 소리를 가엽게 들어야 할 것 같다.

나는 멀지 않은 곳에 조그만 텃밭을 갖고 있다. 농작물을 사 먹어도 되지만, 내 손으로 키워보는 것도 좋고 농약을 하지 않은 건강한 먹거리를 만들기 위해서다. 상추나 고추, 가지나 토마토에 거름도 주고 수시로 물을 주면서 정성스럽게 키우고 있다. 어른들이 말했듯 농사는 풀과의 전쟁이다. 풀을 베고 난 뒤 일주일 만에 찾아가면 또 한 뼘만큼 자랐다. 여름철 장맛비가 내린 뒤에는 곡식보다 훨씬 더 자라는 것 같았다. 풀을 뽑고 돌아서면 며칠 전 뽑았던 고랑에 또 수북이 올라온다. 농작물을 짓는 건지, 풀과 싸움을 하는 건지 도무지 알 수가 없다.

지난주 시골에 갔더니 친척 동생이 농약병을 들고 산으로 올라가는 게 보였다. "뭐 하러 가느냐?" 물었더니 산소 주변에 있는 칡넝쿨이 얼마나 빨리 산소 앞을 침범해 오는지 아예 제초제를 뿌려야겠다고 했다. 최근에는 산소 주변에 멧돼지들이 몰려와 땅을 파헤치고 있어 많은 이들의 골칫덩이가 되고 있다.

봄철에는 산불도 한몫한다. 가뭄이 계속된 탓에 한번 불이 나면 진화가 어렵다. 봄철에 불어오는 강한 바람 때문에 축구장 몇십 개 넓이의 산을 태우기도 하고 산속에 있는 사찰의 국보급 불상도 한순간에 잿더미가 되기도 한다. 올해도 여기저기 산불이 발생해 온 나라가 진화작업을 하느라 시끄럽다. 이때쯤에는 우리 동네나, 다른 동네나 길가에는 산불 조심 깃발이 펄럭이고 산불감시원이나 산불진화대 차량이 온 동네를 헤집고 다닐 정도로 예민해진다. 물론 담뱃불 한 개비나 밭둑을 태우다 발생한 산불이 수십 년 또는 수백 년 가꿔온 산림을 잿더미로 만드니 그렇게 하지 않을 수도 없는 일이다.

여자들은 변비로 고생을 많이 하는 편이다. 여행을 떠나거나 시댁에 가면 며칠씩 화장실을 못 간다고 하소연하는 여자들이 많다. 여성들이 변비만큼 부담스러운 것이 이불 빨래라고 한다. 계절이 바뀔 때마다 이불을 교체하고 쓰던 이불 빨래를 해야 하는데 여름 이불은 집안의 작은 세탁기로 빨 수 있지만, 겨울 이불은 난감한 모양이다. 내가 만난 할머니들은 이불 빨래가 가장 골칫덩이라고 말했다. 간혹 자식들이 찾아오지만, 이불 빨래를 해주는 일은 드물다고 했다. 나도 어머니가 있는 시골집에 다녔지만, 이불 빨래를 해주는 건 쉽지 않았던 것 같다. 허리가 굽은 노인들의 처지에서 이불 빨래가 골칫덩이라고 하는데, 누구나 공감한다.

봄이 시작되어 겨우내 덮었던 이불을 빨아 빨랫줄에 널어놓은 이웃집을 보면 할머니들은 속이 타들어 간다. 나도 이불 빨래를 해야 하는데 도무지 엄두가 나지 않으니 비닐봉지에 싸서 옷장에 넣어둔다. 그러나 쓰던 이불을 그대로 쌓아놓으니 마음이 편할 리 없다. 주부들에게 있어 계절별로 하는 이불 빨래가 겨울철 김장하는 것만큼이나 중요하고 소중한 일이기 때문이다. 우리가 마을로 찾아다니며 이불 빨래를 해주자 가장 반기는 사람들은 할머니들이었다. 예전에는 일 년에 한 번 할까 말까 한 이불 빨래를 계절별로 세탁할 수 있게 되었다며 얼마나 반기는지 모른다. 봄철 농부들의 손길이 바빠질 무렵 주부들은 이불 빨래로 분주해지는 계절이다.

도시 사람들이나 젊은 사람들은 빨래방을 이용하지만, 시골에서는 아직도 햇볕 좋은 날 빨랫줄에 하루 종일 널어 말리는 게 훨씬 더 익숙하다. 시골 마을 빨랫줄에 색색의 이불이 널려진 모습을 보면 참 정겹기 짝이 없다. 우리가 빨래하러 가는 날 할머니들이 유모 자가용이나 손수레, 전동차에 이불 보따리를 싣고 몰려오는 모습도 장관이지만, 세탁한 이불을 싣고 바삐 집으로 향하는 뒷모습을 볼 때 마음이 뿌듯해진다. 할머니들이 던지는 한마디도 내 마음을 배부르게 한다.

"노인들에게 이불 빨래는 정말 큰 골칫덩이야!"
"할머니들에게 있어 이불 빨래만큼 필요한 복지가 없어."

넙죽 인사할 때는 나도 기분이 좋아진다. 오늘도 노인들의 골칫덩이를 해결해 준 하루였다.

카펫 빨래

봄철에는 이불 빨래 요청이 쇄도하고 빨랫감이 산더미처럼 쌓이지만, 문제는 다른 곳에 있었다. 이불은 밍크나 극세사, 솜이불처럼 큰 것도 세탁기 스스로 무게중심을 잡아가면서 세탁이 되는데 문제는 카펫이었다. 카펫은 먼지도 많이 쌓이지만, 무겁고 큰 것이 많아 우리를 애먹이는 일이 종종 발생한다. 어떤 사람은 접히지도 않는 뻣뻣한 카펫을 세탁해 달라하고, 어떤 사람은 접히지도 않는 대형 카펫을 세탁해 달라고 졸라댄다. 카펫을 세탁기 원형에 맞게 접어 넣으면 세탁기가 푹 가라앉는다. 물이 들어가고 세탁 시간이 조금씩 줄면서 세탁은 제대로 되는 것 같았다. 아니나 다를까, 봉사자 한 분이 다급하게 나를 부른다.

"팀장님, 아무래도 뭔가 이상해요?"

나는 급히 세탁차에 올라갔다. 세탁기 원형이 탄력을 받아야 탈수가 되는데 돌려다 말고, 돌려다 멈추는 현상 때문에 세탁기의 중심을 잡기 위해 양쪽을 눌러주지만, 소용이 없었다. 나는 할 수 없이 세탁기 전원을 끄고 세탁기 안에서 물이 질질 흐르는 카펫을 꺼냈다. 그리고 봉사자 두 명과 카펫 양쪽을 마주 잡고 돌려가며 물을 짜기 시작했다. 마을 경로당 앞에서 진풍경이 벌어지자, 할머니들 서너 명이 모여들어 우리들의 모습을 구경하는데 신기한 모양이다. 그렇게 몇 번에 걸쳐 물기를 짜낸 다음 다시 접어 세탁기에 넣고 탈수를 시도했다.

세탁기가 무게중심을 잡는 듯하다가 탄력을 받으려 용트림해대지만, 그냥 또 멈춰버리는 바람에 실패로 돌아갔다. 다시 세탁기가 움직이면서 중심을 잡는 듯하다 또다시 탄력을 시도한다. 나와 자원봉사자들은 세탁기 좌우를 누르며 흔들리는 세탁기의 중심을 잡아준다. 그때 탄력을 받으며 세탁기 몸통이 한 바퀴 돌기 시작하면서 물줄기가 쭉 빠지는 게 눈에 들어왔다. 나는 물론이고 자원봉사자들은 환호성을 지르며 날 듯 기뻐한다.

"브라보!"

그게 뭐라고 그렇게 소리칠까 생각하면 웃음이 나지만, 그때는 다급했었다. 세탁실 바닥에는 물이 흥건해졌고 그야말로 아수라장이 되어 있었지만, 전쟁을 치른 듯 한시름 놓을 수 있었다. 봉사자와 함께 세탁된 카펫을 할머니 집 빨랫줄에 올리는 것도 쉽지 않았다. 탈수는 했다지만 물기 가득 머금은 커다란 카펫은 꽤 무거웠다. 세 명이 카펫을 펴고 양 끝을 잡아 빨랫줄에 올리느라 또 쇼하듯 힘을 썼다. "팀장님, 오늘 점심은 맛있는 거 먹어야겠어요."라고 자원봉사자 한 명이 소리친다. 그러면 나는 "그럼 짜장면에 탕수육 추가?"라고 하자, "와~" 하며 손뼉을 쳤다.

그 시골집을 나오는데 갑자기 어릴 적 우리 시골집이 생각났다. 우리 집에도 그렇게 크지는 않지만, 안방에 카펫이 깔려있었다. 일요일 아침 어머니는 나와 동생을 불러놓고 "오늘은 어디 가지 말고 이 카펫 좀 빨아라."라고 지시했다. 힘주어 말하는 것으로 보아 핑계대지말고 따르라는 협박처럼 들렸다. 입이 불룩 튀어나온 우리 형제는 아무런 대꾸도 하지 못한 채 잡히고 말았다.

그렇지만 어떻게 해야 할지 몰라 어리둥절해 있는데 어머니는 광 안에서 커다란 빨랫대야 한 개를 꺼내 수돗가에 내려놓으며 물을 반쯤 받으라고 했다. 그리고 카펫을 빨랫대야에 넣고 슈퍼 타이를 듬뿍듬뿍 붓기 시작했다. 우리에게 카펫 빨래를 하라고 해놓고 본인이 다 하는 것 같았다. 뻘쭘하게 지켜보는 우리에게 "한 시간쯤 지난 뒤 둘이 대야에 들어가 때가 다 빠질 때까지 질겅질겅 밟으면 된다."라고 일러주었다.

그리고 "구석구석 밟아야 때가 빠진다."라며 명쾌한 업무지시가 떨어졌다. 우리 형제는 '왜 이런 걸 우리에게 시키냐?'며 불만 가득한 표정과 떨떠름한 태도로 세제가 카펫에 스며들기를 기다리고 있었다.

한 시간쯤 지날 무렵 바지 끝을 무릎까지 걷은 다음 맨발로 빨랫대야 안으로 들어갔다. 슈퍼타이 때문인지 미끌미끌한 감촉이 발가락 사이를 스칠 때마다 느낌이 그렇게 나쁘지 않았다. 대야 안에 담긴 물이 약간 차가웠지만 카펫의 구석구석을 질겅질겅 밟는 것도 나름대로 재미가 있었다. 물도 튀기면서 장난치듯 동생과 뛰며 밟아대자 어머니의 잔소리가 또 들려왔다. "장난치지 말고 잘 밟아!" 우리는 알았다고 대답했지만, 빨랫대야 양쪽에서 뛰며 밟으니 물이 이리 튀고 저리 튀는 게 밖에서 봤을 때는 장난치는 것처럼 보이는 게 당연했을지도 모른다.

그렇게 한참 동안 밟다가 카펫을 뒤집고 다시 밟기를 반복해야 했다. 어느새 빨랫대야 안에 있는 물은 검게 변한 땟물로 가득했다. 그럴 수밖에 없는 것이 얼마 만에 빨고 있는지도 모를 일이다. 우리가 빨지 않았고 아버지가 빨아주지 않았다면 아마도 이걸 구매한 뒤 처음 빨고 있는지도 모를 일이었다. 그러니 우리 집 큰 행사가 아닐 수 없었다. 우리는 장난삼아, 놀이 삼아 했던 카펫 빨래는 몇 번을 헹군 다음 마무리되었다.

이제는 이 카펫을 들어 빨랫줄에 널어야 했다. 빨랫줄을 아래쪽으로 내려놓고 카펫을 들어 올려 걸치는 데 성공했다. 그러자 어머니는 양쪽 끝을 지그재그로 편 다음 가운데에 나뭇가지 한 개를 고여 바람과 햇볕이 잘 통하도록 공간을 만들어 주었다. 카펫 세탁이 마무리되었다는 것을 선언하듯 양손을 툭툭 털면서 "고생했다."라고 했다. 우리도 큰일을 했지만, 어머니는 올해 큰 행사 한 가지를 마친 듯 후련해하는 것 같았다.

"우리 것은 그것보다는 조금 작은데 빨아도 될까?"

내가 자원봉사자와 카펫을 돌려가며 물 짜는 것을 보던 할머니 한 분이 내게 다가와서 물었다. 내가 "접어지기는 하느냐?"라고 물었더니 "그렇다."라고 해서 가져오라고 했다. 할머니는 이불 빨래만 했지, 카펫을 세탁한다는 것은 전혀 생각하지 못했다가 남들이 하는 걸 보고 내게 물어본 것 같았다. 다행이란 생각이 들어서인지 신이 난 듯하더니 다시 멈칫했다. 그러더니 "혹시 나랑 같이 가면 안 될까?"라고 물었다. 혼자 카펫을 가져오는 게 자신이 없었던 모양이다. 나는 돌담과 꼬불꼬불한 골목길을 돌아 할머니 집으로 향했다.
　할머니 집안은 그렇게 깨끗하지 않았고 퀴퀴한 냄새도 나는 게 부지런한 할머니는 아닌 것 같았다. 할머니네 카펫은 바닥에 착 달라붙는 고무 재질의 카펫이었다. 규모는 크지 않았지만, 꽤 무거웠다. 내가 가져온 카펫을 본 봉사자들이 "이런 걸 넣어도 될까요?"라고 묻는데 나도 순간 멈칫했다. 이런 카펫을 처음으로 의뢰받았기 때문에 당황했지만 그렇다고 안될 것도 없을 것 같아 그냥 시도해 보기로 했다.
　무게가 있어서인지 카펫을 넣자 세탁기 원통이 푹 주저앉는 듯했다. 세탁기가 돌아가면서 이불보다는 많이 흔들리는 것 같았고, 무게가 한쪽으로 쏠리다 보니 세탁할 때나 헹굴 때도 약간 흔들림이 있었다. 깨끗하게 세탁된 카펫을 받아 들고 기뻐하는 할머니의 얼굴에는 목욕탕에서 묵은때를 벗기고 나오는 것처럼 흐뭇해하셨다. 배달은 봉사자와 함께 갔다. 시골집 풍경은 누구에게나 향수를 느끼게 하는지, 봉사자는 자신도 시골 출신이라며 마치 친정을 보는 것 같아 마음이 찡하다고 했다. 친정집은 약간 부산해 보이고 지저분하면서도 뭔가 나에게 익숙한 그런 게 있다. 나도 시골 출신이라 외양간이나 변소가 있는 사랑채, 농기구가 들어있는 창고 등이 거북하기보다는 정겹기도 하고 아련한 추억을 꺼내주기도 한다.
　어떤 할아버지는 기다란 카펫을 돌돌 말아 가져와서는 "이것도 빨 수 있지요?"라고 물었다. 우리는 당황하지 않을 수 없었다. 나와 봉사자들은 누가 먼저랄 것도 없이 "아이, 이건 접어지지도 않잖아요. 이런 건 세탁기에 넣을 수가 없어요."라고 말했다. 그러자 할아버지는 멋쩍은 표정으로 난처해했다. 나는 "이런 건 발로 밟으면서 빨 수밖에 없을 거예요."라고 하자, 미안했던지 다시 들고 집으로 돌아가셨다.

그 이후 여성 봉사자들로부터 남자들에 대한 비난이 쏟아지기 시작했다. 한 사람이 "남자들은 왜 그렇게 뭘 모를까?"라고 말을 꺼내자, 다른 봉사자도 남편들의 속 터지는 이야기를 쏟아내기 시작했다. "남자들은 코앞에 있는 물건도 왜 그렇게 못 찾지?", "심부름도 못 시키겠어.", "답답해 죽겠어.", "왜 그렇게 눈치도 없는지 몰라!" 등 둘이 포화를 쏘아붙이더니 화살을 내게 돌리는 듯 나를 쳐다봤다.

"남자들에게는 심부름도 명확하게 찍어줘야 해. 두부를 사더라도 부침용이나 순두부라고 꼭 찔러야지, 그렇지 않으면 아무거나 사 오는 게 남자들이거든."이라고 내가 웃으며 말하자, 모두 손뼉을 치며 격하게 호응했다. 나도 아내에게 수없이 들었던 걸 보면 우리 집이나 다른 집 남자들은 거의 비슷한 모양이다. 언젠가 라디오에서 들었던 이야기도 떠올랐다. 어떤 남편은 밤고구마를 사 오라고 했더니 밤과 고구마를 사 오더란다. 어떤 사람은 "우유 하나 사 와. 그리고 달걀 있으면 여섯 개도"라고 심부름시켰더니 남편은 우유 6개를 사 오더란다. 그렇듯 여성들이 하는 말과 남성들이 알아듣는 말귀는 분명히 다른 것처럼 들리나 보다.

우리는 세탁이 끝나면 무거운 이불이나 카펫은 집에 배달해 준다. 홀로 사시는 분들의 집 거실은 대부분 냉골이고 휑한 것 같은 느낌이 든다. 바닥이 차다며 보일러를 틀라하면 "전기장판 있는데 뭘?, 견딜 만해요."라고 대답한다. 우리 어머니한테 듣던 대답과 똑같다. 그러다 보니 어느 집이나 거실에는 보온성도 있고 보기도 좋은 각양각색의 카펫이 깔려있다. 한 집에 카펫을 수거하러 갔더니 두껍지는 않지만, 엄청나게 큰 카펫이 깔려있었다. 노인들이 감당하기에 힘겨워서인지, 세탁할 엄두가 나지 않아서인지 첫눈에 봐도 세탁 한번 안 한 것처럼 보였다. 나는 "누가 이렇게 큰 걸 사다 줬대요?"라고 물었더니, 오래전 며느리가 사다 주었다고 했다.

당시 며느리는 휑한 거실을 맨발로 다닐 부모님을 생각해 커다란 것으로 골랐을 것이다. 그것도 거실 규모나 집안의 색상과 어울리는 디자인을 골라 구매했겠지만, 단점은 너무 크다는 것이다. 그 집을 나오면서 봉사자는 "부모님께 물건 사줄 때도 따져볼 게 많네요."라고 말했다.

어느 사회복지사가 전하는
빨봉 이야기

제2부

우리들의 엄마

| 엄마 그리고 어머니

　며칠 전 TV에 나온 70대 남자배우는 자신이 살아온 과정을 이야기하면서 누구나 그렇듯, 삶에 가장 영향을 미친 사람이 '엄마'라며 어머니 이야기를 꺼냈다. 머리가 백발인 사람도 어머니라는 단어보다 '엄마'라는 단어가 익숙하고 급할 때 튀어나오는 이름이다. 어릴 때는 엄마라고 부르다가도 나이가 들면 어머니라고 부르는 게 점잖아 보이기는 하지만, 너무 거리감이 생긴다는 이유로 엄마라고 부르는 사람들이 많다. 나도 어머니가 돌아가실 때까지 늘 엄마라고 불렀다. 물론 익숙하고 거리감이 없어서 훨씬 더 친숙했다.

　엄마는 흔히 '이름 없이 사는 존재'라고 한다. 결혼하면 누구의 아내, 자식을 낳으면 누구의 엄마가 되기 때문이다. 아이가 학교에 들어가면 '00 어머니'라고 불린다. 아버지는 근엄하고 무섭지만, 어머니는 한없이 자식을 사랑하는 이미지가 남아있다. 아버지는 조금 서먹하지만,

어머니는 자주 소통하는 사이다. 아버지는 바깥 활동이 많고 가정에서 보내는 시간이 적으니 그럴 수도 있을 것이다. '어머니', '엄마'는 눈물을 동반하는 단어인 것 같다. 어렸을 때 다치거나 아프면 "엄마!" 하면서 울어 그런지, 나이가 들어서도 힘들거나 괴로울 때면 엄마를 찾는다. 오래전 TV 프로에서 "엄마가 보고플 때 엄마 사진 꺼내놓고~"로 시작하는 노래가 나오고 시골스럽지만, 구수한 엄마와의 대화가 이어져 수많은 군인이 눈물 흘리며 지켜보던 프로그램도 있었다. 물론 나이 든 사람도 TV를 지켜보며 눈물 흘리던 사람들이 수두룩했다.

엄마라는 존재는 내 곁을 떠난 뒤 훨씬 더 마음 저리는 단어가 된다. 그냥 그 단어만 들어도 마음이 뭉클해지고 미어져 온다. 다른 사람이 어머니와 걷는 모습만 봐도, 음식점에서 함께 밥을 먹는 모습만 봐도, 여행지에서 휠체어를 밀고 다니는 것만 봐도, 드라마에서 늙은 엄마의 모습만 봐도, 그냥 '엄마'라고 부르는 소리만 들어도 굵은 눈물 한 방울이 쏙 흘러 내린다. 볼 수 없는 엄마는 그럴수록 가슴을 저려오게 한다.

엄마 이름만 불러도 왜 이렇게 가슴이 아프죠
모든 걸 주고 더 주지 못해 아쉬워하는 당신께
난 무엇을 드려야 할지

어느 가수의 노랫말처럼 드릴 것이 없었기에 그저 받기만 했고, 그땐 고마움도 모르고 살아온 것 같았다. 자식이 큰 잘못을 저질러도, 죄를 짓고 사형이나 무기징역을 받은 흉악범일지라도, 연을 끊지 못하고 끝까지 놓지 못하는 존재가 바로 엄마다. 그런 엄마한테 '사랑해'라는 말도 낯간지러워 못 했던 것 같다. 늘 나를 위한다고 하는 잔소리도 듣기 싫었고, 아버지에게 당한 화풀이를 나에게 한다고 원망했던 그 꾸지람도 들을 수 없으니 더욱 그리워진다.

　엄마는 모든 것을 조건 없이 내어주는 사람이다. 내 몸은 다 닳아질 지언정 자식을 위한 일이라면 아끼지 않는 사람이고 내 배가 등에 달라붙어도 자식의 배는 곯리지 않는 게 엄마다. 자식이 위험할 때는 목숨까지 던지며 구해낼 사람이기도 하다. 엄마는 자식과 손익을 따지지 않은 채 있는 것을 다 내어준다. 그래서 사람들은 '엄마'라는 단어만 떠올려도 먹먹해지는지 모른다.

　철부지 딸이 시집을 갔다. 서울에서 대학을 나오고 직장을 다녔기 때문에 멋도 내고 늘 예쁘게 화장하고 다녔다. 엄마가 해주는 밥만 먹었고 자취할 때도 밥해 먹는 걸 거의 본 적 없는, 그냥 도시 깍쟁이인 줄 알았다. 그런데 아이를 낳고 너무도 달라졌다. 아기가 잠을 못 자면 밤새 안고 방 안을 서성이고, 아이에게 밥을 먹일 때는 모든 정성을 다 들인다. 아기의 똥을 빤히 쳐다보며 색깔과 냄새를 맡아보고 행여 아이가 조금이라도 아픈 기색이 있으면 눈동자가 달라졌다. 나는 며느리와 딸을 보면서 여성은 위대하다는 걸 느꼈다. 아니 엄마는 초인간적이라는 걸 깨달았다.

　그런데 예전 엄마들의 삶은 훨씬 더 처절했다. 일제 강점기 시대 나라 잃은 슬픔을 겪었고, 자신의 존재감마저 빼앗기는 고통을 견뎌냈었다. 3년간이나 끌었던 지긋지긋한 6.25 전쟁도 우리 어머니들이 겪었던 큰일 중의 하나였다. 자식을 잃지 않기 위해 치마폭에 숨기고 온갖 수모를 당하면서도 굳건하게 지켜왔다.

　왜 그렇게 먹을 것이 없었던지 하루 종일 일해도 입에 풀질하기 힘겨울 정도로 가난했다. 전쟁 이후 우리 엄마들은 더 찢어지는 가난을 맞이해야 했다. 내가 만난 어떤 할머니는 "이 세상에서 배고프다 울부짖는 자식에게 먹이지 못하는 어미의 심정은 죽음을 맞는 것보다 아팠다."라고 했다. 비좁은 집에서 대가족이 부대끼며 살았고 생활 형편이 비슷한 이웃들과 싸우고 치열하게 경쟁하면서 살았다. 먹고 살기 위해 전쟁 같은 삶을 살아온 사람들이 우리의 엄마들이다.

남들보다 늦으면 먹을 걸 구하지 못했고, 남들보다 멀리 나가지 않으면 땔감도 구하지 못할 정도로 힘겨운 경쟁 속에 살다 보니 옆집의 숟가락이 몇 개인지, 호미가 몇 개인지 모를 리 없다. 처절한 가난 속에서 배를 움켜잡고 아이를 낳고 시어머니의 구박을 받으면서 꿋꿋하게 가정을 지켜온 사람이다. 엄마는 옆을 바라볼 겨를이 없다. 그냥 앞만 바라보고 자식만 쳐다보며 참고 또 참으면서 궂은 세월을 보냈던 사람이다.

그런데도 그 틈새에 정은 있었다. 이웃집에 잔치가 있으면 며칠씩 모아둔 달걀을 볏짚으로 엮어 한 줄씩 부조했고 그 집에 찾아가 음식을 만들고 둥그렇게 둘러앉아 설거지하며 웃음꽃을 피우기도 했다. 이웃집의 제삿날이 언제인지, 그 집 어른들의 생일이 언제인지 꿰뚫고 있었다. 그런 날에는 접시에 이것저것 음식을 소복이 담아 이집 저집 나눠주는 모습도 너무 정겨웠다. 어머니들의 지혜가 엿보였다.

내가 그동안 만났던 사람들이 그 당시 엄마들이다. 지금은 팔순을 넘기고 구순이 되는 사람들이라 유모 자가용에 의지한 채 힘겹게 걷는 사람들이고, 시골집 한구석에서 텅 빈 사랑채를 바라보며 크게 한숨을 내쉬는 외로움 속에 살아가는 노인이지만 나누는 정은 고스란히 남아 있다. 내가 만난 할머니들은 우리 엄마 같았다. 나 자신을 위한 삶을 살지 못하고 오직 자식 그리고 가정만을 걱정하며 살았던 분이다. 돈이 있어도 쓰는 게 익숙지 않아 한 푼 못 쓰는 사람들이다. 엄마가 한창 젊을 때 푸성귀 한 보따리 짊어지고 장터에 나가 팔고 오후 서너 시쯤 집에 돌아와 찬밥에 물 말아 먹는 걸 본 적 있었다. 장터에서 국밥 한 그릇 사 먹지 못하고 배를 움켜쥐고 돌아왔을 어머니를 생각하면 마음이 저려온다.

　우리 어머니도 구순을 넘겼으니 내가 만나는 할머니들과 다를 바 없었다. 내가 장남인 탓에 날 많이 의지하고 늘 나만 바라보는 아들 바라기였다. 볼 때마다 "몸조심해라, 어디 조금만 아프면 꼭 병원에 가봐라." 평생 자식 걱정을 하면서 살았다. 그만큼 아들에게 기대하는 것도 많고 의지하는 마음도 크다. 나를 멀끔히 바라보는 어머니의 눈빛에는 가늠할 수 없는 정이 넘치고 또 넘친다.

　그런 어머니들 마음속에 정이 가득 남아있다. 비록 옆을 바라볼 수 없을 정도로 각박하게 살아왔을지언정 내가 가지고 있는 것을 나누고 내줄 수 있는 정이 있다. 나는 마을 구석구석을 돌아다니며 할머니들의 이불 빨래를 해줬지만, 단순히 이불 빨래만 해줬다고 생각하지 않는다. 마음이 아픈 사람에게는 위로하며 보듬어 주려 했고, 기운 없는 사람에게는 용기를 주며 '의샤, 의샤!' 해주었다. 내가 해줄 수 없는 일은 다른 기관에 연계시켜 주기도 했다. 내가 만난 할머니들도 우리들의 엄마와 다르지 않았다. 마음속 깊은 곳에 자리 잡은 한 맺힌 하소연을 들어주는 일도 중요해 보였다. 할머니들의 골칫덩이를 해결해 준 것도 고맙지만, 노인들만 사는 시골에 젊은 사람들이 찾아와 말을 받아 주는 것만으로도 행복하다고 했다.

　엄마를 가장 잘 대변해 주는 건 연극 '친정엄마와 2박3일'이다. 서울로 시집갔던 딸이 연락도 없이 친정집을 찾는다. 엄마는 시집간 딸이 홀로 그리고 불현듯 나타난 모양새가 영 불안하다. 엄마는 자식 하나만을 바라보며 억척스럽게 살아왔을 우리들의 엄마를 떠올리게 한다. '엄마'라는 단어 하나가 주는 묵직한 울림이 내 가슴에 고스란히 전해진다. 힘겹게 살아가는 딸에게 언제든지, 얼마든지 엄마 품에 찾아와서 편히 지내다 가라는 눈빛을 전한다. 친정엄마와 함께 연극을 봤다는 사람들도 한없이 눈물을 흘렸다고 하지만, 함께 할 수 없는 사람들은 마음속으로 폭풍우 같은 눈물을 덧없이 흘렸을 것이다.

  공연을 함께 본 어머니도 친정엄마를 생각했을 게 분명하다. 딸 앞이라 눈물을 흘리지도 못하고 겉으론 커다란 바위처럼 눌러앉아 있었지만, 예전 친정엄마의 모습을 떠올리며 속을 태웠을지도 모를 일이다. 예전의 엄마들은 딸을 시집보내면서 그 집 귀신이 되라고 가르쳤다.

> 시집가면 넘이라고 친정 생각 말라시며,
> 쌀쌀맞게 딴청 하며 잘 살거라 하던 엄마
> 부엌 창문 저 너머로 남풍 따라 흘러가는,
> 조각구름 끄트머리에 웃고 있는 우리 엄마
>
> 사위 생각한답시고 고추 마늘 무 된장,
> 이 보따리 저 보따리 바리바리 이고 지고
> 그 마음 누가 몰라 그 속을 누가 몰라,
> 애지중지 키운 내 딸 아껴 달란 그 말이지
>
> 이 세상 엄마 중에 제일 예쁜 친정엄마,
> 이 세상 엄마 중에 가장 고운 친정엄마

  나훈아의 '친정엄마' 가사를 보면 옛날 엄마의 마음을 어느 정도 알 수 있다. 내가 만난 할머니들의 친정엄마에 대한 기억은 흐릿한 것 같았다. 마음속에는 선명하게 남아있겠지만, 그걸 다시 꺼내 들기 싫었는지도 모를 일이다.

  집안 살림이 워낙 가난해서 입 하나 줄이려고 빨리 시집보냈다는 할머니도 있고, 시댁에 부족한 일손을 채워달라는 성화에 못 이겨 울며 겨자 먹기로 보내졌다는 할머니, 밭 한 마지기 내준다는 사돈 말에 팔아먹다시피 떠나왔다는 할머니도 있었다. 할머니들의 기억 속에는 먹을 것도, 입을 것도 변변치 않은 가난 속에 쩔쩔매는 친정엄마 모습만 생각난다고 했다.

그래도 '엄마'라는 단어만 들어도 푸근하다고 했다. 엄마가 주고 싶은 것, 먹이고 싶은 것, 입혀주고 싶었던 것이 무엇인지 그 마음을 알기 때문이다. 엄마의 마음은 그의 눈빛을 보나, 표정을 보나 고스란히 전해진다. 자식에게 해주고 싶은 것을 못 해주는 엄마의 아픔은 곳곳에서 드러나기 때문이다.

"엄마, 사랑합니다."
"그리고 보고 싶습니다." ~^^

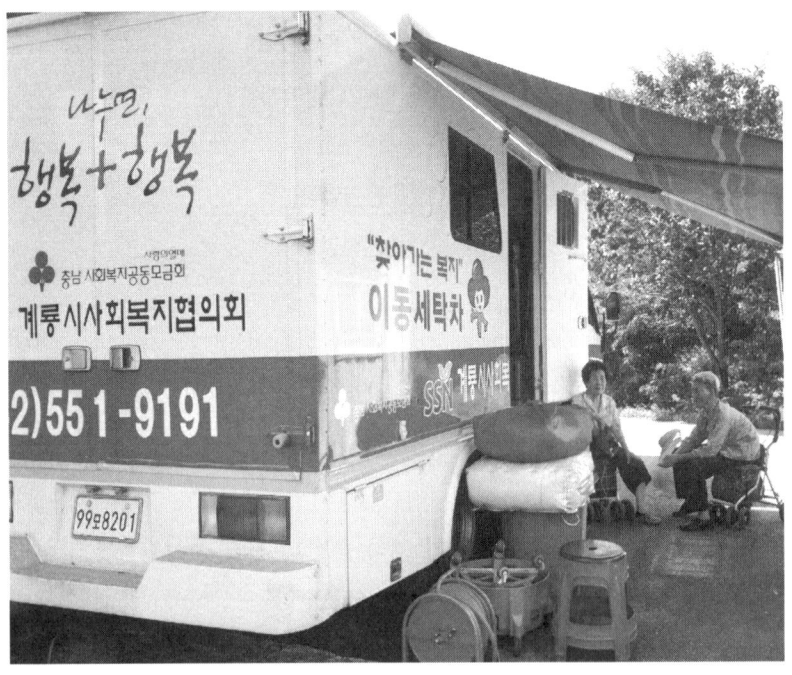

| 할머니의 한숨

　오늘은 새벽녘까지 가을비인지 겨울비인지 모를 비가 주룩주룩 제법 내렸다. 오늘도 봉사활동이 예정되어 있었기에 눈을 뜨자마자, 그리고 출근해서도 날씨 예보를 뒤적였다. 아침에는 오전 10시부터 오후 4시까지 비가 그려졌더니, 출근해서 다시 보니 11시부터 오후 3시까지 비가 그려져 있었다. 하늘이 훤해지는 게 비는 내리지 않을 것 같아 세탁을 나가기로 했다. 그런 뒤 세탁차에 물을 받기 시작하는데 비가 주룩주룩 내리기 시작했다. 또 고민스럽다. 그러다 다시 개이고 다시 비가 내리기를 반복했다. 한참 시간이 지난 뒤 다시 개이는 것 같아 세탁차를 몰고 마을로 향했다.
　우리를 기다리는 이불 보따리는 몇 덩어리밖에 없었다. 하기야 오늘 같은 날 이불 빨래를 할 사람이 있다는 것 자체가 이상한 일이기도 했다. 대부분 비가 오락가락하는 날 이불 빨래를 하는 사람은 드물기 때문이다. 그렇지만 연세가 많은 어르신은 오늘 세탁하지 못하면 다시 한 달이나 두 달을 기다려야 해서 어떻게든 세탁만 해주면 말리는 건 집에서 할 수 있다고 말씀하신다.

세탁하는 동안 비는 간간이 내리다 말기를 반복하는 궂은 날씨였다. 그래서 오늘은 세탁기 안에서 약간의 건조도 해드리기로 했다. 혼자 사는 노인들에게는 개별적으로 전화해서 세탁할 게 있는지를 묻곤 했는데 그때마다 "이렇게 전화까지 해줘서 정말 고맙다."라고 어쩔 줄 몰라 했고, "노인들에게 계절별로 세탁을 해줘 정말 고맙다."라고 하시는 분들이었다.

"사장님을 보니 내 아들이 생각나네. 나는 박복해서 아들을 먼저 보냈다오."

이불을 찾으러 온 한 할머니가 내 등을 두드리며 한마디 하시기에 나는 할머니 얼굴을 다시 한번 쳐다봤다. "아니 그런 일을 겪으셨어요. 몇 살이나 되었는데요?"라고 묻자, 다소 떨리는 듯한 목소리로 "마흔아홉에 세상을 떠났어!"라고 하는 할머니의 눈가엔 벌써 눈물이 가득 고여 있었다. 나는 할머니의 어깨를 가볍게 두드리며 위로해 드렸다. "마음이 얼마나 아팠어요. 그렇지만 어쩌겠어. 잊어야지." "잊히지는 않겠지만 잊는 길밖에 없잖아요."라고 했지만, 할머니는 나를 보는 순간 '우리 아들이 살아 있었으면 저만큼 되었겠지.'하는 생각이 문득 떠올랐다고 했다. 한참 시간이 지났지만 멍하니 TV를 보거나 지나가는 젊은 사람을 볼 때는 먼저 간 아들이 생각난다고 했다. 할머니의 눈가에 굵은 눈물 한 방울이 주룩 흘리는 게 보였다.

"이제 잊힐 만도 한데 한이 되어 그런가 봐!"

짧게 말씀하시고 "이렇게 자상하게 말해줘서 고마워!"라며 내 등을 두들겨 주었다. 나도 가슴이 멍해졌다. 돌아서는 할머니는 아마도 가슴속으로 눈물을 펑펑 쏟고 있는지도 모를 일이다.

세탁을 마치고 사무실로 돌아오는데, 눈동자에 눈물 가득한 그 할머니의 표정이 계속 떠올랐다. 그러면서 몇 년 전 만났던 또 다른 할머니가 생각났다. 몸이 불편해 이불을 가지고 나갈 수가 없으니, 집에 와서 가져가야 한다는 말에 할머니 집을 찾았었다. 김○○ 할머니는 여든일곱 살인데도 꼬장꼬장해 보였다. 내가 집안에 들어서자, 이불 3개가 담긴 보따리 한 개를 주더니 거실과 작은방에 걸려있는 커튼도 빨아 달라고 했다. 나도 바쁘지만 거절할 수 없었다. 의자를 놓고 커튼을 뜯은 뒤 고리를 빼고 주섬주섬 가방에 담아 집을 나왔다. 한참 시간이 지나 세탁한 이불을 들고 그 집을 다시 찾아갔다. 할머니가 나를 보자마자 눈물을 글썽였다. 나는 순간 당황스러웠다.

"아이고 우리 아들 보고 싶어!"

라고 하는 게 아닌가. 할머니의 목소리는 많이 떨리고 흐느끼는 듯했다. 나는 "할머니 왜 그러세요?"라고 물었다. 할머니는 아들처럼 생각하고 지냈던 사위가 몇 년 전 죽었는데 당신을 보는 순간 사위 생각이 났다고 했다. 한숨을 크게 쉬며 말을 이어갔다.

"딸이 개띠이니 딱 선생님 나이 정도 되는데…."
"순간순간 사위 생각이 날 때면 가슴이 먹먹해진다. 나한테 정말 잘했다."

하며 말문을 흐렸다. 한참 동안 할머니를 다독이느라 집을 나설 수가 없었다. 그렇게 자식을 먼저 보낸 어미의 마음을 그 누가 알아줄까? 한숨만 나올 일이다. 그분을 생각하니 또 가슴이 찡해졌다.

삼진아파트 고00 할머니도 여든일곱 독거노인이다. 백발인 머릿속은 피부병이 생겨 머리를 아주 짧게 자르고 허리가 꾸부정한 상태로 유모차를 밀고 다닌다. 우리가 한창 세탁하고 있는데 유모차에 이불과 담요 세 개를 가져와 "나는 세탁 신청을 못 했는데 어떻게 안 될까?"라며 사정하는 바람에 이미 많은 신청자가 줄을 서서 기다리고 있었지만, 해 주기로 마음먹고 이불을 받아 놓았다.

할머니에게는 한참 동안 기다려야 하니 집에 가 계시면 전화하겠다고 했지만, 한 시간도 되지 않아 다시 나오셨다. 세탁차 옆에 자리를 잡고 앉는 걸 보니 사람을 그리워하는 것 같아 나는 말을 걸었다.

"혼자 살고 계신가요?", "자식들은 자주 찾아오지요?"

라고 묻자, 할머니는 크게 한숨을 내쉬었다. 그러더니 "아들과 딸을 두었는데 아들은 일본에 살고 딸은 대전에 살고 있다."라고 했다. 아들은 일본 여자와 결혼했고, 사업을 크게 하면서 돈도 많이 벌었는데 사기를 당해 쫄딱 망한 뒤 일본으로 떠났다고 했다. "지금은 오지도 못하고 생활비도 못 준다며 전화할 때마다 '죄송하다'라는 말만 하더라."며 가슴 아파했다.

할머니는 그간의 속 아픈 이야기를 하나씩 꺼내기 시작했다. 울고 싶은 사람을 건드려 준 걸까? 아들이 사업하면서 잘 나갈 때 이야기, 사업하다 망한 이야기, 일본에서 살아가는 이야기를 한참 동안 늘어놓았다. 그런 할머니의 속마음은 또 얼마나 타들어 갈까? 마음이 찡해

온다.

내가 그 마을에 갈 때마다 반갑게 맞아주는 최00 할머니가 있었다. 사람이 사람을 상대할 때 상대의 표정이나 눈빛을 보면 진심을 알 수 있는 법이다. 그래서 가끔 안부를 묻거나 세탁할 게 있는지 전화하는데 늘 허물없이 대해주고 마음속에 있는 이야기도 하는 편이다. 주변 사람들에 대한 흉을 보기도 하고, 마을 사람들의 소식을 전해주기도 했다. 그날은 뭔가 속상한 일이 있었는지 평소와 다르게 표정이 굳어 보였다. 나는 순간 놓치지 않고 "할머니, 뭐 안 좋은 일 있어요? 표정이 별로 안 좋은데?"라고 물었다.

"그래. 그래 보여?"

라고 되묻는다. 할머니는 아들 넷을 낳았다고 했다. 큰아들은 결혼했는데 불의의 사고로 한참 동안 병원 생활을 하다가 집에 늘 누워지냈다고 했다. 언제 일어날지 모르는 아들의 병수발로 고생하는 며느리도 불쌍하고 간질을 앓고 있는 모습이 눈 뜨고 볼 수 없었단다. 그래서 며느리에게 다른 곳에 가서 마음 편하게 살라며 내보냈다고 했다. 지금은 어디 사는지 모르지만, 시집가서 아들을 낳았다는 소식을 들었다고 했다. 그리고 몇 년 지나지 않아 아들이 하늘나라로 갔다고 했다.

큰아들을 먼저 보낸 엄마의 속이 다 뭉그러졌다는데 그 마음을 조금은 이해할 수 있을 것 같았다. 나도 장남이니 우리 어머니를 생각해 봐도 짐작이 간다. 할머니는 간혹 길게 한숨을 내쉬면서 숨 고르는 걸 보니 북받쳐 오르는 감정을 힘주어 누르는 것처럼 보였다. 그분이 내게 속마음을 내비친 것이다.

지금은 장가도 못 간 둘째 아들과 살고 있는데 어젯밤 술 한잔 먹고 축 늘어져 들어오는 모습을 보면서 가슴이 미어졌다고 했다. 집안에서 꼬질꼬질하게 혼자 있는 모습도 가슴 저리다고 했다. 자식을 먼저 보낸 부모의 마음은 뭐로도 설명할 수 없다고 했다. 할머니는 먼 산을 바라보며 또 깊은 한숨을 내쉬었다. 우리도 간혹 나도 모르게 깊은 한숨을 쉴 때가 있다. 한숨을 쉬면 마음이 편해지는 법이다.

'숨을 크게 쉬어봐요.
당신의 가슴 양쪽이 저리게, 조금은 아파져 올 때까지,
숨을 더 뱉어봐요.
당신의 안에, 남은 게 없다고 느껴질 때까지'

라는 노랫말처럼 속에 있는 마음을 표현하면 마음이 시원해진다. 오늘 할머니도 내게 왜 속마음을 이야기했는지 모르지만 어딘지 모르게 후련했을지 모른다. 내가 아무것도 해결해 준 것이 없지만, 그냥 들어주고 맞장구만 쳐줬을 뿐인데 그분은 모든 게 해결된 것처럼 편안했을지 모른다. 여자가 남자에게 이야기할 때 뭔가 해결해 주길 기대하지 않는다고 했다. 그냥 말하는 여자의 입을 쳐다보면서 진지하게 들어주고 간혹 "아~ 그래"라고 하거나 "이런~", 아니면 "응, 응"만 해줘도 모든 게 해결된다고 했다. 나도 할머니들과 이야기할 때 대꾸를 잘해주는 편이다. 그래서 내 어깨를 툭툭 치며 이야기하는 할머니들도 많이 있었다.

밉상 할머니

젊은 아주머니 한 분이 세탁차 주변을 맴돌기 시작했다. 세탁차 내부를 힐끗힐끗 쳐다보기도 하고 세탁물이 얼마나 쌓였는지, 누구 이불이 왔는지 슬쩍슬쩍 들춰보기도 한다. 그러고는 경로당 안팎을 훔쳐보는 게 조금 이상해 보여 나는 물었다. "세탁하실 게 있으신가요?"라고 했더니 아니라고 짧게 대답한 뒤 자리를 떠났다. 얼마쯤 시간이 지났을 때 그 아주머니가 또 주변을 서성이는데 보이지 않던 이불 보따리 3개가 놓인 게 보였다. 그 아주머니가 가져온 게 분명해 보였다.

나는 아주머니에게 "우리는 거동이 불편하거나 연세가 많은 독거노인의 이불을 세탁해 드리는데 젊으신 분이 어떻게 가져오셨어요?"라고 물었더니 "우리 집 수도가 얼어 터졌는데 돈이 없어 고치지도 못했고 빨래할 방법이 없어 가져왔다. 원래 그런 사람 해줘야 하는 거 아닌가요?. 안 그래요?"라고 말했다. 그냥 말했다기보다는 너무도 당당했다. 나는 아무런 대꾸도 하지 않은 채 알았다고 대답했다. 더벅머리에 장화

차림으로 우리 주변을 또 맴돌기 시작하는데 봉사자들이 정신 사납다며 못마땅해했다.

경로당에 있던 노인회장이 나오면서 그 아주머니를 보고 내게 말했다. "저 사람 빨래해주지 마세요. 노인정 수도로 설거지나 빨래하는 얌체 같은 사람이다." 그러면서 허세가 얼마나 심한지 모르겠다며 혀를 찼다. 그분의 이불을 세탁기에 넣으려고 보니 작은 이불과 옷가지, 수건, 내의는 물론 속옷까지 있었던 모양이다. 자원봉사자들이 눈을 찌푸렸다. 나는 아주머니에게 "우리는 이불만 세탁하지, 의류는 세탁해 드리지 않는다."라고 말했더니 수돗물이 나오지 않아 그러니 이해해 달라고 했다. 나는 수도가 고장 났다는 그분의 말씀이 맞는 건지, 동네 사람들의 말이 맞는지 모르겠지만, 뭔가 심하게 꼬여있는 사람은 분명해 보였다.

우리는 살아가면서 '주는 것 없이 밉다'라는 말을 할 때가 있다. 왠지 목소리도 듣기 싫고, 보기만 해도 짜증이 나는 사람, 싸운 적도 없지만 그냥 미운 사람이 있게 마련이다. 그런데 알고 보면 미운 이유가 있다. 너무 잘난 척해서, 나보다 능력은 없는데 인정받는 것 같아서, 실속 다 차리면서 겉으로는 베푸는 척해서, 뒤로는 나쁜 짓 하면서 사람들 앞에서는 꼬리를 감춘 여우라서일까? 아무튼 말이나 행동이 그냥 얄밉고 미운 사람을 우리는 밉상이라고 한다. 그 아주머니도 동네에서 밉상으로 낙인찍힌 사람처럼 보였다.

동네 밉상 할머니는 이 동네에도 있었다. 경로당 앞에 몇 개의 이불 보따리가 줄지어 놓여있고 우리가 도착한 뒤 이OO 할머니도 보자기 한 개를 머리에 이고 와서는 세탁차 앞에 툭 내던지며 "집에 더 가져올 게 있는데 힘들어서 못 가져왔다."라고 말했다. 나는 그분의 말뜻을 알기에 알았다고 대답한 뒤 그 집에 달려가 이불 보따리 두 개를 더 가져왔다.

얼마쯤 시간이 지났을까 그분이 다시 오더니 내 보자기가 왜 저 사람보다 뒤에 있냐고 투덜대며 자기 보따리를 앞으로 가져다 던지듯 내려놓았다. 내가 "그분이 먼저 온 걸 아주머니도 보지 않았느냐?"며 가져온 순서대로 정렬해 놓았다고 말하자 화를 내기 시작했다.

"저 사람은 살만한 사람이야!. 나같이 어려운 사람을 먼저 해줘야 하는 거 아냐?"

라며 들고 있던 지팡이를 땅바닥에 딱딱 내려치며 구시렁대기 시작했다. 내가 다시 한번 설명해주었고, 옆에 있던 다른 아주머니가 만류했지만 막무가내였다. 그럴수록 더 화를 내며 "못사는 사람을 챙겨줘야지, 뭐 그런 게 있어. 이제 선생님도 날 무시하는 거냐?"며 내게 화를 냈다.

한참 이불 빨래 이야기를 하더니 옆에 앉은 할머니에게 자기 앞에 있던 보자기 주인 할머니의 흉을 보기 시작했다. 내가 지난번 그 집 물김치 담글 때 한참 동안 항아리도 닦고 도와줬는데 김치 한 통 주면 얼마나 좋아. 그것도 안 주고 정나미 떨어져 혼났다는 것이다. 이제 불똥이 그 아주머니에게 돌아간 것이다.

우리 옆에서 한참을 떠드는 사이 그 할머니의 세탁된 이불이 나왔다. 자기의 이불이 나온 걸 보고는 또 한마디 던진다. "내가 아까 뭐라고 했더니 내 이불은 물만 살짝 묻혔다 꺼낸 것 같다."라는 것이었다. 내가 무슨 소리냐고 했더니 "들어간 지 얼마나 됐다고 벌써 나오냐?"는 거였다. 또 자기를 무시하고 미워서 이불 빨래를 대충 한 것 같다고 중얼거리며 우리 곁을 맴돈다.

나는 그 할머니를 8년째 봐왔기 때문에 밉지는 않았지만, 무척 서운했다. 그분은 내가 정기적으로 기부 물품 꾸러미를 전달해 드렸던 사람이다. 간혹 기부 물품을 가져가면 봉지를 뒤적거리며 "이건 내가 먹지도 못할 건데, 라면이나 쌀을 좀 주면 몰라도…."라고 한다. 간혹 불고기 소스나 밀가루가 보이면 "내가 먹지도 않는 걸 주면 뭐 해!"라며 투덜댄다. 그래서 그분은 동네에서 투덜이라고 불린다.

그리고 경로당에서 함께 점심을 먹을 때도 지저분하다는 이유로 동네 사람들로부터 약간의 따돌림도 받는 것 같았고, 밥상 앞에서 "오늘은 왜 짜지?", "이건 별로네!"라며 반찬 투정을 하는 바람에 핀잔도 듣는 사람이었다. 아무튼 오늘은 그 할머니 때문에 기분이 좋지 않았다. 이불 세탁을 마친 뒤 할머니의 이불을 배달해 주려고 하는데 봉사자 한 분이 "그래도 배달해 주려고요?"라고 물었다. 나는 "내가 가서 맘 풀어 줘야지 어쩌겠어요?"라며 이불 보따리를 들고 가 앞마당 빨랫줄에 널어드렸다.

"그래도 가져왔네."

할머니는 미안했던지 뻘쭉한 표정으로 내게 말했다. 그러더니 "괜히 부아가 나서 그랬어!"라고 겸연쩍게 말했다. 그사이 풀어진 것이다. 그래서 나도 친절하게 인사를 나눈 뒤 마음 편하게 돌아올 수 있었다. 어렵게 살아가면서 다른 사람들과 비교하다 보면 간혹 화가 치밀어 오르는 경우가 생기게 마련이다. 어찌 되었건 그 할머니는 밉상 할머니 중의 한 명이다.

서00 아주머니는 육십 대 후반인데 이런저런 병환으로 종합병원이란 소리를 듣는 사람이었다. 행정관서 이곳저곳에 민원을 내고 힘겹고 어렵다며 구걸하는 편이라 복지기관으로부터 1순위로 혜택을 받는 사람이다. 매월 대전까지 약을 받으러 가는데 이동 수단이 없다고 아우성을 치는 바람에 관련 단체에서 차량을 지원해 주기도 했다. 집에 물이 샌다. 벽에 곰팡이가 생겼다, 웃풍이 심해서 못 살겠다고 하소연하는 바람에 수도도 고쳐주고 도배나 장판도 갈아주며 집 앞에 비닐을 쳐주기도 했었다.

그뿐이 아니다. 집안에 나뭇가지를 정리해 달라, 텃밭을 갈아달라, 비닐을 쳐달라, 세탁기가 고장 났다며 애걸복걸하다 보니 복지시설 담당자들은 그 아주머니의 전화 받는 걸 두려워했다. 때로는 담당자들이 친절하지 않을 것 같으면 "내가 시장한테 이르겠다"라고 으름장을 놓기도 한다. 지원받는 게 익숙해진 분이라 때가 되면 쌀이 떨어졌다, 라면 좀 달라, 김장김치를 달라, 날씨가 추워서 그러니 이불 좀 없느냐 등등 요구하는 게 한도 끝도 없이 많지만, 안 해주면 끈질기게 전화하고 하소연하는 사람이다.

한편으로는 나이가 많지 않으면서도 여러 가지 합병증을 앓고 있어 불쌍하기도 했던 사람이다. 나도 그분의 사망 소식을 장례를 치른 지 1주일이 지난 뒤 알게 되었지만, 사망한 지 3일 만에 발견되었다는 소식에 가슴이 아팠다. 그렇게 미운 짓을 했고 얌체 같은 행동을 했던 분이지만 막상 돌아가시니 많은 아쉬움이 남았다.

"그때 더 잘해줄걸!"

동네를 다니다 보면 분위기를 좌우하는 사람이 있고, 주민들로부터 칭송과 존경을 받는 사람, 얌체 짓으로 눈칫밥을 먹는 사람, 따돌림받는 사람 등 금세 동네 분위기를 느낄 수 있다. 이것은 장기판에서 멀리 바라보며 훈수하는 사람과 비슷한지 모른다. 우리는 자신을 바라보지 못하기 때문에 내 행동이 주변 사람들에게 어떻게 비치는지 잘 모를 수 있다. 그래서 두 개의 귀를 가지고 남들이 하는 말을 잘 듣고, 두 눈으로 다른 사람들의 눈치를 잘 살펴서 올바른 말과 행동을 하라는 뜻에서 귀와 눈은 두 개, 입은 하나를 만들어 줬는지 모르겠다.

　오늘도 이동 세탁차가 마을에 도착하자, 할머니들끼리 실랑이가 벌어지고 있었다. 어떤 이불 보자기에는 1번, 2번이라고 써놓은 보따리도 보였고 어떤 이는 이불 보따리를 앞으로 가져다 툭 던지며 "내가 제일 먼저 왔으니 이것부터 넣어 주세요!"라고 퉁명스럽게 말했다. 서로 내가 먼저라며 빨래 순서를 놓고 아우성을 치는데 한 치의 양보도 없을 듯 보였다. 나는 난감하기 짝이 없었다.
　이런 모습을 지켜보던 나는 할머니들에게 제안했다. "우리가 무료로 이불 빨래를 해드리는 것은 장애가 있으시거나 거동이 어려운 분들 그리고 연세가 많은 독거 어르신의 어려움을 덜어주기 위한 것이니 오늘은 연세가 많으신 분들부터 그리고 멀리 사시는 분들 순서대로 해드리는 게 좋겠다."라고 하자, 주변이 조용해졌다. 그래서 연세가 많으신 분의 이불을 가장 먼저 세탁기에 넣고 빨래를 시작했다.
　그러다 보니 가장 먼저 왔다고 순번을 적어놓은 사람들의 이불이 뒤로 밀리는 일이 생긴 것이다. 한참 세탁기가 돌아가고 있는데 이 마을에서 가장 젊은 아주머니가 성난 표정으로 다가왔다. 그 아주머니는 우리 봉사자들에게 들으라는 듯 "왜 내 것이 이제 들어갔느냐?, 내가 두 번째로 갖다 놨는데 무슨 감정이 있어서 뒤로 미뤘느냐?"며 고함을 질러댔다. 그리고 경로당 안으로 들어가 할머니들에게 "누가 먼저 넣었어?", "왜 새치기를 한 거야?" 소리소리 질러댔다. 마치 성난 하이에나처럼 보였다. 훨씬 나이가 많은 할머니들이 그런 수모를 겪으면서도 아무도 대꾸하거나 항변하지 않았다.
　우리 주변에는 말을 예쁘고 듣기 좋게 하는 사람이 있지만, 자신의 감정만을 쏟아붓는 사람들이 있게 마련이다. 그런 사람은 나이도 상관

없고 남녀도 상관없이 자기 입에서 나오는 대로 지껄이는 사람들이다. 그런데 그런 싸낙배기 할머니들은 어느 마을이나 한두 명씩 있게 마련이고, 동네 경로당을 주름잡기도 한다. 물론 똥이 무서워서 피하기보다는, 더러워서 피하는 꼴이기는 하겠지만 말이다.

"아이고, 기분 나빠 죽겠네."
"내게 무슨 워카 심정이 있는 거야?, 아니면 못산다고 무시하는 겨, 뭐야?"

아주머니는 경로당을 나와 세탁차 주변을 돌면서 또 투덜대기 시작했다. 차 안에 있던 자원봉사자들은 숨죽이고 있었고 나도 내게 하는 소리라는 걸 알면서도 한마디 대꾸하지 않았다. 대꾸해 봐야 소용없다는 걸 익히 알고 있었고, 주변의 할머니들도 눈을 깜박거리며 못 들은 척하라신다. 또 그 자리에서 해명하거나 대꾸해 봤자 소용이 없기 때문이었다.

그 아주머니는 예순여섯의 비교적 젊은 사람인데 어른들 앞에서 담배를 피우고, 막말로 상처를 주는 거친 사람이란 걸 나는 잘 알고 있었다. 오늘은 저렇게 막말을 쏟아붓지만 기분 좋을 때는 나에게 아양도 떨고 친한 척을 하기도 하는 사람이었다. 시골에 홀로 사는 기초생활수급자라 이웃 사람들에게 열등감도 있는 것 같았고, 독이 바짝 올라 있는 사람이기도 했다. 그래서 동네에서 말대꾸하거나 말싸움이 생기면 남자든 여자든, 나이가 많든 적든 삿대질하고, x 발 x 발 욕을 퍼부으며 달려드는 사람이라 아무도 맞서지 않는 사람임을 나는 잘 알고 있었다.

봉사활동을 하는 내내 맘이 편치 않았다. 그 사람의 행동이나 말 한마디, 한마디에 섭섭하거나 기분 나쁜 것도 있지만, 나 자신이 초라해지는 것도 있었고, 하찮은 일을 하니까 무시당하는 기분도 들었기 때문이다. 그렇지만 봉사활동이 끝나갈 무렵 나는 그분에게 다가가 "늦게 해줘서 미안하다."라고 사과했다. 그러면서 "여러 사람이 서로 먼저 해달라고 하는데 나도 어쩔 도리가 없어서 그랬으니 이해 좀 해달라."고 하자, 그분은 "알아! 내가 선생님께 무슨 원한이 있는 것도 아니고…. 화내서 미안해요."라고 웃으며 내 등을 툭 쳤다. 우리는 그것으로 화해를 한 것이다.

마을을 다니다 보면 늘 겪는 게 이불 빨래 순서로 할머니들과 실랑이 벌이는 일이다. 서로 먼저 갖다 놓았으니 1번으로 해달라고 주장한다. "왜 내 이불이 저 사람보다 늦게 들어가느냐?"고 항의하기 일쑤였다. 나이 들면서 너그러운 사람들도 많지만 억세지는 사람들도 많이 보인다. 학창 시절에는 일진회 애들한테 치이고, 나이가 들어서는 직장에서 치이더니, 늙어서는 경로당에서 또 치이는 삶을 살아가는지도 모른다. 나이 들어 너무 억세게 살아가는 모습은 정말 보기 흉하다.

언젠가 무척이나 더운 여름날 할머니 몇 명이 느티나무 아래서 부채질하고 있는 걸 보고 물었다. "지금 노인정에 가면 시원한 에어컨 밑에서 이야기하고, 윷놀이나 화투를 치면서 시간을 보낼 수 있는데 왜 무더운 한낮에 여기 있느냐?"고 물었다.

"우리 노인정에 개차반이 하나 있어."
"할머니들에게 얼마나 억지 주장을 하며 면박을 주는지, 그년 꼴 보기 싫어 노인정에 안 간다."

한 할머니가 목소리를 높여 말했다. 그 동네에도 사나운 밉상 할머니가 있는 모양이다. 나이 들어 몸도 아프고, 마음도 우울한데 남들로부터 핀잔을 듣거나 면박을 받으면 서글퍼진다. 그렇다고 그 사람과 소리 높여 싸우거나 대응할 자신은 없다. 나 자신을 스스로 돌아봐도 그럴 위인도 못 된다. 그러니 그런 자리, 그런 사람을 피하는 게 상책이다. 그냥 길거리 가로수 밑에 앉아 말이 통하는 사람과 부채질해가며 더위를 식히는 것이 에어컨 틀어놓은 경로당보다 마음이 편한 법이다. 또 지나가는 사람 구경이 더 행복한 법이다.

노인정은 늘 시끄럽기 마련이다. 어느 겨울날 우리는 봉사활동을 하다가 배달된 점심을 먹기 위해 노인정에 들어갔다. 방바닥이 얼마나 뜨거운지 봉사자들이 엉덩이를 들었다 놨다 하면서 밥을 먹는 것 같았다. 그러던 중 한 할머니가 "이제 바닥이 따뜻해졌으니 보일러 좀 꺼도 되지 않을까?"라고 제의했다. 그러자 옆에 있던 한 할머니가 "나는 따뜻한 게 좋은데 왜 보일러를 끄라고 하느냐?"며 퉁명스럽게 대꾸하면서 말다툼이 벌어졌다. 노인정에 여러 사람이 있었지만, 워낙 강한 두 분의 말다툼이라 아무도 누구의 편도 들어주지 못한 채 그냥 먼 산만 바라보며 한숨을 쉰다.

'사람이 불혹의 나이가 되면 자기 얼굴에 책임져야 한다.'라는 이야기도 있듯이 그 사람 얼굴을 보면 어떻게 살았는지, 힘들고 고되게 살았는지, 지금도 욕심이 가득한 채 아등바등 살고 있는지 어느 정도 알 수 있다고 한다. 어렵게 자라다 보면 남보다 한발 앞서야 한다는 게 몸에 배는 것 같다. 그리고 깡으로, 오기로 상대를 대하다 보니 강해지고 억세지는 것이다.

이런 글을 쓰다 보니 나도 옛날 돌아가신 할머니가 생각났다. 할머니는 이십 대 후반에 혼자되셨다. 가진 재산도 없이 아들 두 명을 키웠다. 그러다 보니 행상을 하고, 친척 집의 허드렛일을 도와주면서 끼니를 때우시던 할머니였지만, 아흔세 살 돌아가실 때까지 한 번도 억세고 얌체처럼 살아가는 모습을 본 적이 없다. 근본적인 성품도 있지만 그 찌든 삶을 살아가면서도 인정 많고, 마음씨 고우며, 남에게 해가 되는 일을 하지 않는 아름다운 모습만 보여주셨다. 나는 그런 할머니를 잘 따르고 존경했다. 나는 할머니가 어렵게 살았지만, 억세고 밉상으로 살지 않아 너무도 좋았다. 나도 그렇게 살아야겠다 다짐해 본다.

이건 내 것이 아니야

　내가 만나는 고객, 그들은 하나같이 순박하다. 수줍은 얼굴, 피식 웃는 표정, 연하게 웃는 미소도 영락없는 여자다. 호박꽃도 꽃이고 할머니도 여자는 여자였다. 젊은 여자의 환한 웃음보다는 못할지 모르지만, 그 안에는 많은 것이 담겨있다. 오랜 세월을 버티며 살아온 흔적이 얼굴 구석구석에 고스란히 남아있다. 노병 영웅의 정장에 주렁주렁 매달린 훈장을 보는 듯 가치 있어 보인다. 할머니 한 사람, 한 사람의 내면을 보면 모두 훈장을 받기에 충분한 자격을 갖추고 있다. 우리나라를 자유민주주의로 세우고, 일제 강점기와 한국전쟁을 겪으면서 우리 후손들이 누릴 수 있는 경제성장도 이뤄냈다. 훈장이라도 한 개씩 달아주고 싶은 사람들이다.
　이 사람들이 점점 줄어든다. 그리고 우리 사회와 조금씩 멀어져가고 있다. 나이가 들면 기억력도 떨어지고 정신도 오락가락해서 당황스럽거나 난감한 해프닝을 겪는 일도 종종 벌어지기 마련이다. 젊은 사람들도 자동차 키를 옆에 둔 채 두리번거리고, 핸드폰을 손에 들고 찾는 사람도 있으니, 나이 든 노인이 깜빡깜빡하는 건 당연한지도 모른다. 인생은 순리대로 살아갈 수밖에 없으니 그냥 받아들여야 한다지만 속상해진다.

언젠가 한 아파트에서 난감한 일을 겪었다. 현장에 도착하자마자, 사전 전화로 신청한 사람들의 이불 보따리를 차례로 정리해 가며 이름표를 써 내려가는데 극세사 이불 한 개가 담긴 이불 가방 위에 102동 103호라고 쓰인 메모지를 돌로 눌러 놓은 게 보였고 그 옆에 이름표가 없는 이불 보따리 한 개가 놓여있었다. 그분이 송00 할머니란 걸 금방 알아차렸다. 가장 먼저 신청한 분이니 우선 할머니의 이불을 세탁기에 나눠 넣었다. 세탁기가 돌아가고 헹굼과 탈수가 이어진 뒤 건조대에 걸쳐놓고 한참 햇볕을 쐬며 어느 정도 건조가 마무리될 무렵 할머니에게 전화했다.

얼마 지나지 않아 70대 후반쯤 보이는 아저씨 한 분이 오셨다. 이불 가방과 보자기에 쌓아놓은 보따리를 보더니 "우리 이불 다 빨았다더니 아직 안 들어갔네요?"라고 하길래 깜짝 놀랐다. 나는 "혹시 102동 103호에서 오셨나요?" 그랬더니 그렇다고 했다. 그래서 우리가 세탁한 뒤 건조까지 해두었다며 이불 가방을 건네주자

"이건 우리 것이 아닌데!"

라고 했다. 내가 이불 가방 위에 102동 103호라고 쓰인 종이쪽지가 있는 사진까지 보여주며 설명했지만, 그분은 이건 우리 것이 아니라고만 우겼다. 그러면서 "우리 것은 이불 보자기 2개에 이불 3개를 쌓아 이불 가방에 담아왔었다. 그런데 지금 보이지 않는 걸 보니 누군가 가져

간 것 같다"라는 것이었다. 내가 저 이불 가방이 아니냐고 다시 물었지만 그건 아니라고 했고, 그 속에 든 이불도 우리 것이 아니라고 했다. 그러면서 내가 가져다 놓은 이불 가방을 누가 이불만 빼놓고 가져갔다며 가방을 찾아내라고 우기는데 어이가 없었다.

나는 이런 일이 벌어질 수 있어서 처음 현장에 도착하면, 쌓여 있는 이불 보따리를 사진 찍어 두는 편이다. 오늘도 이불 보자기 10여 개가 놓인 사진을 보여주며 설명했지만, 그 가방과 안에 들어있는 이불은 계속 우리 것이 아니라고 말씀하시니 방법이 없었다. 내가 난감해하자, 어르신은 "우리 이불이 없어진 건 아니니까 가방은 못 찾아도 상관없다."라며 자신의 이불 3개가 담긴 보따리를 들고 집으로 들어가셨다. 그렇지만 처음 세탁해 놓은 이불 가방의 주인은 한참이 지나도록 나타나지 않았다.

한참 시간이 지난 뒤 그 아저씨가 또 내려왔다. "우리 이불이 네 개라는데?"라고 하는 게 아닌가, 나는 이불이 담긴 가방을 보여주면서 "이것이 아니냐?"고 다시 물었다. 아저씨는 "이건 우리 것이 아니라니까!"라며 화를 내는 것이었다. 나는 가방을 쥐여주며 "이걸 가지고 가서서 아내에게 물어보고 아니라면 다시 가져오시라."라고 했더니 가방을 들고 집으로 들어가셨다. 그런 일이 있고 나서, 아저씨는 다시 내려오더니 "이것도 우리 것이 맞는다네요" 그랬다. 나는 그제야 긴 한숨을 내쉬었다.

그 아저씨는 70대 후반으로, 우리가 갈 때마다 세탁했기 때문에 서로 안면이 있는 분이었다. 나는 "그런데 이불 가방은 왜 다시 가지고 오셨어요?"라고 물으니 "빨아야 할 것 아니오?"라고 하는 게 아닌가. 내가 여러 차례 세탁해 놓은 이불이고 주인을 기다리고 있다고 말씀드렸었는데 잊으신 것 같았다. 아무튼 오늘은 그 아저씨가 우리들의 혼을 빼놓았고, 나와 자원봉사자들도 황당한 하루였다. 또 한편으로는 '이분도 치매가 한참 진행 중이구나!' 하는 생각이 들어 씁쓸했다.

언젠가 또 다른 아파트에서도 그와 비슷한 일이 있었다. 한참 세탁기가 돌아가고 있는데 김00 할머니가 세탁차 주변을 서성이며 줄지어 놓여있던 이불 보따리를 번갈아 쳐다보고는 다시 한 바퀴 더 돌면서 이불 보따리를 뒤적이더니

"내 이불은 들어갔는지 안 보이네?"

나는 할머니가 가져온 이불 보따리를 가리키며 "이게 할머니 이불 보자기인데 아직 안 들어갔어요."라고 했더니 손사래를 치며 아니라고 말했다. 내가 이불 보자기를 받을 때 써 놓은 이름표를 보자기 속에서 꺼내 보이며 "이게 할머니 이불 보따리 맞아요."라고 다시 한번 알려주었지만, 할머니는 보자기 속을 주섬주섬 뒤적이더니 그래도 내 이불이 아니라고 말하는데 황당했다. 그래서 할머니에게 차근차근 다시 설명해 드렸다. 처음 이불 보따리 가져오실 때 이름표를 만들어 보자기 속에 넣었다며 보따리 안의 이불을 한 개씩 꺼내 다시 한번 보여드렸더니 "그래!"라고 수긍하셨다. 아무래도 치매가 한참 진행 중인 것처럼 보여 가슴이 아팠다.

옆에서 지켜보던 다른 할머니가 등 뒤에서 약간 치매가 있다는 눈짓을 보냈다. 할머니들 가운데 자기가 가져온 이불을 보고도 내 이불이 아니라고 말하는 경우가 간혹 있었다. 그러다 보면 우리도 당황스럽지만, 그 어르신들도 당황하는 기색이 역력했다. 순간 그런 할머니들도 움찔하는 것 같았다. 아마도 충격을 받는 듯 보였다. 이런 일을 겪으시는 할머니도 자신이 치매가 왔다고 생각하지 않는다. 그러니 인정하지도 않는다. 내가 상대하는 사람들 가운데 이런 분들이 점점 늘어나는 게 가슴 아프다. 우리 어머니도 알츠하이머가 한참 진행되었을 때까지

"아이고, 치매는 안 와야 하는데"라고 했었다. 그래서 나는 할머니들의 이불 보자기를 차례대로 놓고 이름을 적은 메모지를 보자기 속에 넣어 서로 뒤바뀌지 않도록 주의한다. 내가 가져온 이불 보따리가 내 것인지 헷갈리고, 내 이불인지 아닌지 헷갈리는 사람들을 여럿 보아왔다. 안타까운 일이 아닐 수 없다.

치매는 7단계를 거친다고 했다. 증상 발현 전에는 뇌에 독성 단백질이 쌓이고 있지만, 인지력이나 기억력 장애는 나타나지 않는다고 한다. 2단계가 되면 최근의 대화 내용을 잊거나 작은 물건을 잃어버리는 경우가 있는데, 본인은 느끼지만, 다른 사람들은 거의 알지 못한다. 3단계가 되면 주변에서 인지할 수 있는 정도의 기억력과 사고력 변화가 생기면서 일상생활에 약간의 지장이 생긴다. 그렇다면, 내가 만난 어른들은 거의 3단계 치매를 겪고 있는 것으로 보였다.

또 하루는 이런 일도 있었다. 경로당 앞에 여러 개의 이불 보자기들이 줄지어 놓여있고, 끝부분에 보자기도 없이 카펫 한 개가 보도블록 위에 그냥 놓여있었다. 세탁물에 한 개씩 이름표를 작성하느라 카펫을 펼치는데 '이게 사람이 사용하던 게 맞나?' 의심스러울 정도로 지저분해 당황스러웠다. 곰팡이가 워낙 심해 다른 사람들이 불쾌해할까 봐 세탁을 해줘야 할지 잠시 고민하고 있었다. 누구 것인지 이름을 써놓은 것도 아니라 주섬주섬 만지작거리다 그 자리에 그냥 놓아두었다.

우리 이동 세탁 차량에는 여러 사람이 세탁하기 때문에 강아지를 키우는 사람들의 이불이나 지저분한 이불을 가져오는 사람들이 있을 때는 서로 자기 이불을 먼저 빨아달라고 주문하기도 하고, 우리에게 대놓고 "저 집 이불은 해주지 말라."고 항의하는 분들도 있어서 늘 조심스러운 게 사실이다. 그래서 주기적으로 세탁조 청소나 소독도 하고 배수펌프를 열어 찌꺼기를 제거해 주고 있었다.

　한참 시간이 지난 뒤 올해 94세인 양00 할머니가 다가오더니 카펫을 뒤적이기 시작했다. 할머니는 카펫을 뒤적이다가 나를 보더니 화를 내기 시작했다.

　"내가 여기 갖다 놓을 때는 아무렇지도 않았는데 왜 이렇게 흙이 묻었어? 누가 그런 거냐?"

　라며 짜증을 내는데 아무리 설명해도 막무가내였다. 원래 그분은 그런 분이 아니었다. 우리가 갈 때마다 점심은 어떻게 먹느냐? 우리가 못 해줘서 미안하다고 하셨던 분인데 오늘은 몇 번을 설명해도 들으려 하지 않았다.

　"그래서 빨아준다는 거야? 안 빨아준다는 거야? 그냥 집으로 가져가?"

　라고 화를 내는데 답답하기 짝이 없었다. 나는 늦게라도 세탁해 드릴 테니 그냥 놓고 가라고 말씀드렸지만, 할머니는 계속해서 구시렁대며 자리를 뜨셨다. 내가 생각할 때 카펫을 오랫동안 방안에 깔아놓았던 것 같은데 위쪽 흰 부분은 때만 탄 것처럼 보였고, 방바닥에 닿았던 아래쪽 빨간 부분은 곰팡이가 많이 생긴 것 같았다. 그런데 할머니는 그걸 모르고 있는 것처럼 보였다.
　할머니의 카펫을 세탁하고 있는데 지나가던 이웃집 할머니가 내 귀에 대고 말씀하셨다. "저 양반 요즘 좀 이상해. 치매가 심해진 것 같아!"라고 귀띔해 주셨다. 내가 보기에도 지난해와 다른 것 같았고 누군가 자기의 카펫을 더럽힌 것처럼 의심하는 것을 봐도 치매가 온 게 분명해 보였다. 그렇듯 마을에는 이런 치매 환자들이 많이 보인다. 그렇지만 오래전부터 함께 살아왔던 마을 사람들은 그런 걸 알면서도 모른 척 상대해 준다. 말귀를 잘 못 알아듣더라도 그냥 큰 소리로 다시 말해주고, 딴소리하더라도 또다시 한번 일러주는 사람들이 바로 동네 이웃사촌들이다.

참, 가슴 아픈 일이다.

삶 속 선생님

 내가 늘 만나는 사람들은 나이가 많은 노인들이다. 얼굴은 주름이 가득하고 손발은 거칠어졌지만, 아직 마음은 청춘이고 말씀하시는 걸 들어보면 청산유수다. 그냥 말을 잘하는 게 아니라 자신이 살아오면서 경험을 통해 얻어서인지 말에 깊이가 느껴진다. 간혹 할머니들과 이야기하다 보면 학교에서, 친구에게서 듣지 못할 명언을 듣고 있는 것 같다. 그래서 난 할머니들을 내 인생의 선생님이라 생각했다.

 저 멀리 유모차를 밀고 힘겹게 걸어오는 할머니가 보인다. 한눈에 봐도 박OO 할머니다. 봉사자가 달려가 이불 보따리를 받아 들자 천천히 뒤따라오더니 세탁차 앞에 유모차를 세우고 철퍼덕 앉으며 긴 한숨을 몰아쉰다. "이렇게 걷는 것도 힘드니 어떻게 살아!"라며 또 한 번 숨을 크게 내쉰다. 박 할머니는 머리카락이 하얗고 허리가 굽어 유모차가 없으면 걷기도 힘들고 조금만 걸어도 숨이 찬다고 했다. 몇 걸음 걷다가 유모차 의자에 잠시 앉아 숨을 가다듬고 또 걷는다고 했다. 하루하루가 힘들고 아픈 곳만 늘어난다며 "왜 빨리 죽지 않는지 몰라. 나도 모르게 자다 그냥 죽었으면 소원이 없겠다!"라고 말씀하시는 걸 보면 여간 힘든 게 아닌 모양이다.

할머니는 한참 동안 이런저런 이야기를 꺼내기 시작했고, 자원봉사자들이 잘 들어주고 맞장구를 쳐주니 기분이 좋아졌는지 이야기가 술술 이어졌다. "이렇게 시골까지 찾아와 노인들 이불까지 빨아주는 시대가 왔으니 정말 살기 좋은 세상이다. 나이를 먹어보니, 밥해 먹는 것도 귀찮고 집 안 청소하는 것도 하기 싫더라. 이불 빨래도 자주 할 수 없고 세탁기에 이불을 넣고 꺼내는 것도 못 하겠더라. 그런데 이렇게 빨래해 주는 게 얼마나 고맙고 감사한지 모르겠다."라고 말씀하시는데, 듣는 우리가 흐뭇해졌다.

"그래도 우리는 나라에서 도움받을 권리가 있어!"

라며 옛날이야기를 꺼내기 시작했다. 어느새 할머니의 말문이 트여 버렸다. 내 나이가 여든여섯인데 우리가 어릴 때는 정말 가난했다. 먹을 게 없어 입에 풀칠하는 게 가장 큰 걱정이었다. 농사를 지어도 지주에게 주고 나면 식구들 먹을 것도 안 돼 이삭줍기나 산에 다니며 삘기를 뽑고, 봄에는 진달래꽃, 초여름에는 아카시아꽃을 따다 밀가루에 버무려 쪄먹는 게 한 끼 식사가 되기도 했다. 정말 지금 생각해 봐도 징그럽게 가난했던 시절이었다고 했다.

내가 봐도 그런 것 같다. 지금의 80대, 90대 어르신들은 어릴 적엔 돈이 없어 써보지도 못했고, 지금은 돈은 있으되 쓰는 게 습관 되지 않아 못 쓰는 분들이다. 할머니의 말은 이어졌다. "어려서부터 집안일 배우고 밥 먹을 식구 하나 없애기 위해 시집보내야 했으니 얼마나 처절했겠어."라며 한숨을 내쉬었다.

　시내 경로당 앞에서 세탁 봉사를 할 때 일이다. 경로당에서 2km나 떨어진 곳에서 이불 보따리를 손수레에 싣고 오셨다는 권00 할머니는 세탁차 옆에 앉아 이불 빨래가 시작되길 기다리고 있었다. 세탁차 옆을 지키고 있던 할머니는 우리에게 말을 걸었다. "저 마당 있는 집이 우리 집이었는데 남편의 사업이 실패하면서 팔고 먼 변두리 낡은 주택에 세 들어 살고 있다."고 했다. 할머니는 그 집을 볼 때마다 가슴이 꽉꽉 막힌다며 속상해했다. 그러면서,

"남자들은 모든 걸 독단적으로 판단하지 말고 꼭 아내와 상의해서 결정해야 한다."
"여자들이 속 좁다고 하지만, 남자들보다 섬세하고 냉철해서 어떤 결정은 더 잘할 수 있다."
"선생님은 중요한 일이 있을 때 절대 혼자 판단하지 말아요."

　내게 충고해 주었다. 할머니의 오랜 한이 전해지는 것 같았다. 할머니의 말씀이 교과서에 나올 것도 아니고, 책을 읽어 배울 것도 아닌, 삶의 경험에서 뼈저리게 느낀 거란 걸 알 수 있었다. 나는 할머니에게 세탁물을 집에 가져다드리겠다고 했더니 "그래 주면 고맙지!"라며 반가워했다. 나는 세탁 봉사가 끝난 뒤 할머니의 이불 4개, 집주인 이불 2개를 세탁차에 싣고 집에까지 배달해 주었다. 그 할머니는 내 차가 보이지 않을 때까지 손을 흔들며 바라보는 모습이 백미러에 비치었다.

　유동리 강00 할머니의 짧은 한마디도 잊히지 않는다. 우리가 경로당 앞에 도착하자 할머니 몇 분이 우릴 기다리고 있었다. 세탁기가 한 바퀴 돌고 난 뒤 이불이 쏟아져 나오자, 이불 주인들은 보자기를 들고 쏜

살같이 집으로 향했다. 몇 분이 경로당을 지키다가 또 세탁물이 나오자, 주인들은 봉사자들에게 배달해 달라며 바삐 집으로 돌아갔다. 이불 빨래를 맡기지 않았지만 혼자 경로당을 지키던 강 할머니는 한참 더 있다가 집으로 돌아갔다.

경로당은 텅 빈 상태였다. 우리는 배달해 줄 이불을 마지막으로 세탁하고 있는데 얼마쯤 지났을까? 강00 할머니가 다시 경로당으로 나오셨다. 우리가 "왜 또 나오셨느냐?"고 묻자, 할머니는

"추운 날 우리를 위해 여기까지 왔는데 내 것 빨았다고 쏜살같이 집으로 돌아가는 건 인사가 아니지.
집에 가서 한참 생각하다가 '그래도 끝나고 돌아가는 건 봐야겠다.'라는 생각이 들어 또다시 나왔다."
"예전이나 지금이나 우리 집에 찾아온 손님은 섭섭하지 않게 잘 해줘야 해. 그래야 또 오지!"

라며 미소를 지어 보였다. 봉사자 한 명이 "마음이 너무 고우셔요."라고 치켜세워주자, 할머니는 "사람 노릇을 하는 게 얼마나 힘든 일인데…."라고 하시는데 우리는 모두 공감했다. 봉사자들은 자기들이 먹으려고 가져온 과자와 빵을 쇼핑백에 담아 할머니에게 건네주면서 "집에서 출출할 때 드세요."라며 손을 꼭 잡아주었다. 할머니의 깊은 마음을 느낄 수 있는 시간이었지만, 봉사자들의 다정한 인사도 서로를 푸근하게 해준 것 같아 흐뭇했다. 소라실안길을 떠나오는 내 마음이 얼마나 가벼웠는지 모른다.

엄사리에는 앞을 보지 못하는 봉00 할머니가 있었다. 집 안방에서 문을 열면 좁은 마루가 있고 그곳에서 손을 내밀면 빨랫줄처럼 기다란 줄이 마당을 가로질러 헛간으로 연결되어 있었다. 헛간에는 재래식 변

소가 있는 곳이었다. 향한리 박○○ 할머니와 마찬가지로 시각장애가 있는 분들은 목소리를 잘 기억한다. 내가 "계세요?"라고 부르기만 해도 "빨래 아저씨 오셨구나!"라고 금방 알아채듯, 봉○○ 할머니도 내가 말 한마디만 하면 금방 알아차렸다. 내 목소리만 몇 번 들었을 분인데 내게 "엄청 다정하고 따뜻한 분 같다."라고 했었다.

나는 늘 어떻게 지냈는지, 식사는 어떻게 하는지, 가족들은 자주 찾아오는지 묻곤 했었다. 앞을 보지 못하는 사람이 혼자 옛날 집에서 살아간다는 게 쉬운 일이 아니기에 마음 아팠다. 물론 요양보호사 선생님들이 청소도 해주고 반찬도 해주지만 늘 애처로웠다. 그런데 할머니는 얼굴이나 머리가 늘 단정했다. 말도 조용조용하고 속삭이듯 말하면서도 마음이 깊다는 걸 느낄 수 있었다.

"내가 나라에 너무 큰 피해를 줘서 미안하다.
요양보호사가 청소도 해주고 반찬도 만들어 주는 것만도 고마운데 어떻게 이불까지 빨아주는지 정말 미안하다."

언젠가 할머니의 이불을 가지러 간 나에게 그렇게 말씀하셨다. 내가 할머니의 손을 잡고 "그렇게 생각하지 않으셔도 돼요. 나라가 당연히 해줘야 할 일인데요."라고 말한 적이 있었다. 할머니는 손을 놓으려 하지 않으셨다. 나는 일해야 하는데 할머니는 손에 힘을 잔뜩 주고 더 이야기하고 싶어 하는 것 같아 몇 마디 더 말을 이어갔다. 옛날에는 장터에서 채소를 팔기도 했는데 시력을 잃고 나서 이렇게 쓸모없는 사람이 되고 말았다고 하면서 "사람의 일은 한 치 앞을 몰라! 마음을 잘 먹고 하루하루 옹골지게 살아가면 돼!"라고 하는데 가슴이 저려왔다.

이 동네 경로당에서 잔치가 벌어졌다. 동네 할머니들이 겉절이도 만들고 집에서 가져온 반찬을 밥상에 펼치니 진수성찬이었다. 한 달에 한

번 해 먹는 '점심 먹는 날'이라고 했다. 나와 봉사자들은 배달해 온 도시락을 옆자리에서 함께 먹었다. 할머니들은 우리 도시락이 더 맛있어 보이는지 "맛있어요?"라고 말하면서 벌써 우리 도시락 반찬을 한 젓가락 떠가더니 경로당 밥상에서 반찬 하나를 건네준다. 매일 먹는 시골 반찬보다는 도시 반찬이 더 맛있어 보이는가 보다. 그런데 옆에 앉은 할머니는 냉수에 밥을 말아 먹고 있는 게 아닌가? 난 이런 걸 보고 그냥 넘기지 못하는 성격이라 또 묻는다. "반찬이 이렇게 많은데 왜 물 말아 드세요?"라고 하자,

"목으로 안 넘어가!"

라고 했다. 순간, 우리 어머니가 늘 했던 소리랑 똑같았다. 밥상 앞에서 끄적대기만 할 뿐 밥이든 반찬이든 줄어들지 않는다. 그럴 때마다 핀잔을 주면 "목으로 안 넘어가!"라고 했었다. 그런데도 "술은 그냥 잘 넘어가!"라며 막걸리 한 잔씩 달라고 했었다.

언젠가 설날 처가에서 밥을 먹는데 장모님은 명절 음식이 즐비한데도 국 한 수저 떠먹고는 그냥 들었다 놨다를 반복하고 계셨다. 내가 "장모님 왜 그렇게 안 드셔요?"라고 물었더니 "입에서 하나도 안 당긴다."라고 했다. "음식이 마치 모래 씹는 것 같다."라고 했던 말이 생각났다. 옆에 있는 할머니도 똑같은 일을 겪고 계신 것이었다. 나이가 들면 소화력도 떨어지지만, 입맛이 없는 모양이다. 측은하게 쳐다보는 우리에게 할머니는 또 한마디 했다. 그 말씀이 오래도록 귓전을 맴돈다.

"음식도 먹을 수 있을 때 맛있게 먹는 게 최고여.
소화시킬 수만 있다면 그때그때 당기는 거 먹으면 다 살이 되는 거야!"

광석리에도 혼자 사는 정00 할머니가 있다. 노부부가 함께 살다가 1년 전 할아버지가 돌아가셨다. 몇 년 전 꼬리뼈 골절로 거동을 못 하다가 지금은 무릎이 아파 바깥출입을 하지 못한 채 집안에서만 발을 질질 끌고 다닌다. 요양보호사 선생님이 서너 달에 한 번씩 바뀌는 걸 보면 보통 까탈스러운 분이 아님에 틀림없다. 몇 년째 보는 할머니지만 오늘도 집에 찾아가 "혹시 빨래할 게 있나요?"라고 물었더니 그렇다며 우선 앉아 보란다. 얼마나 사람이 그리우면 그럴까 싶어 마루에 걸터앉았다.

"저녁에 혼자 덩그러니 있다 보면 '지금 뭐 하고 있는 건가?' 생각이 든다."
"남편이 있을 때는 그럭저럭 견딜 만했는데 요즘에는 내가 왜 이 모양으로 살고 있는지 한심스럽기 짝이 없다."라며 아픈 다리를 만졌다.
"때로는 '이렇게 살아서 뭐 하나?' 하는 생각도 든다."

라며 느닷없이 울음을 터뜨리는 게 아닌가, 나는 당황스러웠다. 이 할머니는 몸이 아파 고통을 겪고 있지만 극도의 외로움과 우울증에 시달리는 듯했다. 할머니는 할아버지를 많이 의지하며 살았던 분이라 남편 떠난 뒷자리를 크게 느끼시는 것 같았다. 한참 동안 손을 잡은 채 위로하고 다독이며 무거운 마음으로 집을 나섰다.

비00 아파트에도 내 절친 이00 할머니가 있다. 이불 빨래를 하는 날은 내가 도착하기도 전에 늘 경로당 앞에서 나를 반겨주셨다. 유모차 이불 보따리 밑에는 늘 요구르트 한 개가 실려있었고 봉사자들이 오기 전에 먹으라고 재촉한다. 나는 감사의 의미로 에둘러 한마디 던졌다. "오늘은 컨디션이 좋은지, 화장발이 잘 받아 그런지 얼굴에서 빛이 나네요?"라고 하자, 할머니는 "아이구, 별소리를 다 하네."라고 하면서도 금방 환하게 웃으며 쑥스러워한다.

"나이 먹어서 아무리 꾸미고 아름답게 늙는다고 해도, 못생긴 젊은이를 따라갈 수 없는 게 인생이더라.
　젊음이 얼마나 좋은지 아느냐?. 젊음은 젊을 때 즐겨야 한다."

　할머니의 말씀은 큰 울림이었다. "늙으니까 너무 허무하고 아무런 삶의 의욕이 없어. 그냥 이렇게 구질구질하게 살다가 죽는 거밖에 없을 것 같다. 정말 젊을 때 좋은 일하고, 즐기고 행복하게 살아라. 그거 잘못하면 인생 후회한다." 너무도 가슴에 와닿았다. 그날부터 이00 할머니는 내 선생님과 다름없었다.

　"부부가 늙을 때까지 함께 살다가 먼저 죽는 사람은 행복한 거다. 혼자 남은 사람은 괜히 안타깝고 외롭기도 하고 고생스럽다. 사람은 내가 일해서 돈을 벌고, 밥을 직접 해 먹을 수 있을 때 살아있는 거지 그것을 못 하게 되면 죽음만을 기다릴 뿐이다."

　언젠가 이런 말씀을 하신 적도 있었다. 연세가 많지만 말씀하시는 걸 들어보면 삶 속에서 체득한 진리를 말씀하시는 것 같았다. 이00 할머니는 우리 엄마랑 동갑이었기 때문에 늘 안부를 물었다. "아프지는 않으셔?", "거동은 잘하지?", "허리를 다쳐 어쩐대?", "아이구, 요양병원으로 가셨구나!", "그래?, 좋은데 가셨을 테니 걱정하지 말아!"라고 말씀해 주셨었다. 일을 그만둔 지 일 년을 훌쩍 넘긴 오늘, 이 글을 쓰면서 할머니에게 전화를 걸었다.

　"전화해줘서 고마워. 그리고 고마웠어요"

　할머니의 목소리에는 아직도 정이 흠뻑 남아있었다.

꽃 선물

꽃은 여자들을 흥분시킨다. 연인에게 사랑을 고백할 때나 사랑하고 있음을 징표로 꽃을 준다. 생일이나 결혼식, 각종 기념일에 꽃 선물을 주는 쪽은 대부분 남자고 받는 쪽은 여자다. 남자보다 여자가 꽃 선물에 훨씬 더 기뻐하고 더 크게 기분을 북돋워 준다는 실험 결과도 있었다고 한다. 여자들이 꽃에 약한 것은 이유가 있다. 원시시대 때 생존을 위해 삶을 꾸리는 과정에서 남자는 수렵을 하고, 여자는 채집활동으로 먹을거리를 찾으러 다녔다. 주로 채집을 했던 여자들에게 꽃은 가까이에 열매가 있음을 알려주고 음식 공급 가능성을 암시하는 중요한 단서였다. 그때부터 여자는 꽃에 민감하고 꽃의 존재에 더욱 기뻐한다는 것이다.

길을 걷다 꽃이 소복하게 쌓여 있는 꽃집이 보이면 잠시 발걸음 멈추고 한참 쳐다보기도 하고 딱히 전해줄 사람도 없으면서 꽃을 사고 싶은

충동을 느낀다. 그리고 마음이 그냥 행복해진다. 그래서 꽃을 받고 기분 좋지 않은 사람이 없다고 했는지 모른다. 사랑을 고백하며 건넨 꽃을 받아 들고 품에 안기던 여자도, 결혼식장에서 부케를 들고 미소 지으며 행복해하던 신부도, 안개꽃에 둘러싸인 장미꽃 한 다발을 받아들며 진한 키스를 나누는 새댁도 모두 꽃을 좋아한다. 그래서 남편들은 간혹 아내의 기분을 좋게 하려고 꽃다발을 등 뒤에 숨기고 들어가 '짠' 하고 내민다.

그런데 언제부턴가 아내의 반응이 달라지기 시작한다. 그렇게 꽃을 좋아하던 사람이 그날은 "비싸지? 난 꽃을 안 좋아하니까 사 오지 마!"라고 냉소적으로 말한다. 꽃을 전해주는 남자는 멈칫하게 마련이다. '이 사람이 결혼하고 아이를 낳더니 꽃이 싫어졌나?' 싶기도 하고, '결혼한 지 몇 년이 지나더니 감정이 메말랐나?' 생각이 들어 섭섭해지기도 한다. 나도 그랬다. 결혼 후 몇 년이 지난 뒤 꽃다발을 들고 갔다가 "난 꽃을 좋아하지 않으니 차라리 돈으로 줘!"라는 소리를 들은 적이 있었다. 그 후 꽃을 들고 집에 들어간 기억이 별로 없던 것 같다.

그래서 아내의 생일이나 결혼기념일에 꽃다발보다는 현금을 준 것 같다. 꽃을 정말 좋아하지 않는 것으로 알았다. 그러나 꽃을 좋아하지 않는 게 아니고 돈이 아까워 그런다는 것을 뒤늦게 알았다. 언젠가 표창받은 뒤 받아온 꽃다발을 코끝에 대고 "와~ 향기 좋다"고 환하게 웃고 꽃을 화병에 옮겨 놓으며 "오랫동안 봐야지!"라고 하는 걸 보고 깨달았다. 꽃은 좋은데 돈이 아까워서 그런다는 것을. 여자는 젊을 때나 지금이나 꽃을 좋아한다.

요즘은 전국 어디를 가나 사시사철 꽃을 구경할 수 있어 좋다. 꽃구경은 뭐니 뭐니 해도 진달래나 철쭉 그리고 벚꽃이 단연 최고다. 가족

단위로 다니는 사람들도 많고, 단체나 모임에서 관광버스를 타고 나들이하는 사람들이 도로에 가득하다. 여름에는 이팝나무나 수국도 소담스럽다. 뜨거운 햇살이 내리쬐는 날 전주 팔복동 철길, 대전 유성온천, 밀양 위양지, 포항 흥해향교 등에서 펼쳐지는 이팝나무꽃은 많은 사람을 황홀하게 한다. 크게 화려하지 않으면서도 백미처럼 하얀 꽃이 순쌀밥 이밥을 닮았다고 하여 붙여진 이름 이팝나무이다.

수국도 크고 풍요로워 보이지만, 색깔도 다양하다. 핑크색 수국에는 사랑의 의미와 진심이, 파란색은 후회와 사과를, 하얀색은 순결과 은혜를 상징하고, 보라색은 깊은 이해와 감사의 의미가 있다고 한다. 가을에는 국화, 코스모스, 구절초, 해바라기꽃이 절정을 이룬다. 들에 핀 국화꽃은 마음을 차분하게 하고 길가에 핀 코스모스는 보는 사람을 상큼하게 해준다. 겨울에는 모든 동식물이 깊은 잠에 빠져들지만, 제주도나 지심도에서나 볼 수 있던 동백꽃이 언제부턴가 충남 서천에서도 볼 수 있다. 그뿐 아니라 추운 겨울에도 도롯가에 꽃양배추라는 겨울꽃이 화단을 황량하지 않게 만들어줘서 좋다.

남자들은 여자 친구에게 프러포즈할 때 한 아름의 꽃을 안겨주면서 일단 마음을 열게 한다. 꽃을 받는 순간 얼굴에 옅은 미소를 지으며 남자 친구의 입을 바라보고 귀를 쫑긋한다. 어색한 분위기를 전환하는데 꽃만큼 좋은 선물은 없다. 생일이나 결혼 기념일에도 그렇고 졸업식이나 시상식 등 축하의 의미로는 꽃 선물이 최고로 꼽힌다.

우리 어머니도 꽃을 무척 좋아하셨다. 시골집 거실에는 크고 작은 화분이 늘 수북이 쌓여 있었고 봄과 여름에 각양각색의 꽃이 피어있어 늘 좋아하셨다. 겨울에는 밖에 있던 화분까지 들여놓아 온통 화분으로 가득 차 있었다. 그럴 때마다 우리는 그만 줄이라고 했지만, 어머니는 "꽃을 바라보고 있으면 마음이 얼마나 푸근한데!"라고 말씀하셨다. 나이 들어도 꽃은 예쁘고 좋은 모양이다.

지난해 한 시골 마을 경로당 앞으로 이불 빨래 봉사를 나갔을 때 일이다. 나는 할머니들이 가져온 이불 보자기를 순서대로 정리하고 세탁기 배수 및 급수라인을 설치한 뒤 세탁기를 돌리기 시작하는데 경로당 앞을 지나가던 선배가 나를 보더니 '한번 키워보라'며 작은 화분 3개를 주고 갔다. 세탁차 옆에 놓아둔 화분이 예뻤던지 빨래를 맡긴 할머니 두 분이 다가와 이리 보고 저리 보며 "그 꽃 참 예쁘다"라며 탐을 내고 계셨다. 그러다 내가 다가가자

"웬 꽃이래요?"

라고 묻기에 나는 "아는 분이 지나가다 주고 갔어요."라고 말했더니 또다시 "참 예쁘네요."라고 하신다. 나이 드신 할머니들도 꽃이 예뻐 보였던 모양이다. 내가 할머니들에게 한 개씩 나눠드렸더니 "선물 받은 걸 어떻게 받아!"라며 손사래를 치셨지만, 우리 집은 아파트라 할머니들이 키우는 게 더 좋을 수 있다고 하자 냉큼 받아 챙기셨다.

그분들의 얼굴이 환해지면서 미소가 가득했다. 여든과 아흔을 넘긴 분들이지만 꽃을 보고 기뻐하는 걸 보니 아직도 여성스러움이 고스란히 남아있는 듯했다. 우리 어머니가 꽃을 보고 있으면 마음이 푸근하다고 했듯 이 할머니들도 꽃을 바라보는 눈빛이 남달라 보였다. 만개한 꽃을 보고 있으면 마음이 차분해지고 나도 모르게 미소가 흘러나온다.

그렇게 꽃 나눔을 하고 돌아서는데 누가 나를 찾는다고 했다. 고개를 돌려보니 전동차를 탄 이OO 할머니가 내게 빨리 오라고 손짓했다. 할머니는 나에게 양말 2개가 들어있는 선물 하나를 건넸다. 나는 무슨 일이냐고 묻자, "평소 나를 잘 챙겨 주는 게 고마워서 주는 것이니 받아 둬요."라고 하는 게 아닌가. 나는 뜻밖의 선물을 받아서인지 좀 당황스

러웠다. 나는 "아니, 아드님 주시지 왜 제게 주는 거예요?"라고 했지만, 그 할머니는 "아들 줄 거야 없겠어? 늘 고마워요."라고 하셨다.

나는 그 할머니에게 한 개 남은 꽃 화분을 비닐봉지에 담아 전동차에 실어드렸다. 할머니는 "되로 주고 말로 받네그려!"라며 환하게 웃으셨다. 그러면서

"내가 꽃을 받아본 게 언젠지 생각도 안 나네. 꽃 선물을 받으니 행복한데!"

라고 말씀하시는데 할머니의 표정은 정말 행복해 보였다. 나이가 들어도 꽃 선물은 좋아한다는 걸 다시 한번 느꼈다. 전동차를 돌려 집으로 돌아갈 때도 한 손을 흔들며 밝은 모습으로 인사하는 걸 보니 나도 기분이 좋았다.

그분은 결혼도 하지 않고 뚜렷한 직장도 없는 아들과 살고 계시는데 경로당 청소 일을 하면서 생계를 꾸려가는 분이다. 우리가 오래전부터 푸드뱅크 기부 물품 꾸러미를 배달해 드리면서 안부를 묻고, 계절이 바뀔 때마다 이불을 세탁해 드렸던 분이다. 그분과 그렇게 인연을 맺은 지 9년쯤 되었으니 정도 많이 들었다. 만날 때마다 어디 아픈 곳은 없는지, 허리는 좀 어떤지, 물어봐 주는 것 말고는 해드리는 건 없지만, 할머니는 그것도 고마워하시는 것 같았다.

할머니들도 꽃을 좋아한다는 걸 알았다. 노인들은 온몸이 아프고, 외로움과 우울증에 시달리고 있어 늘 가슴이 아프다. 오늘은 할머니들에게 작은 꽃 화분을 건넨 것마저도 좋은 일을 한 것 같아 마음이 뿌듯했다.

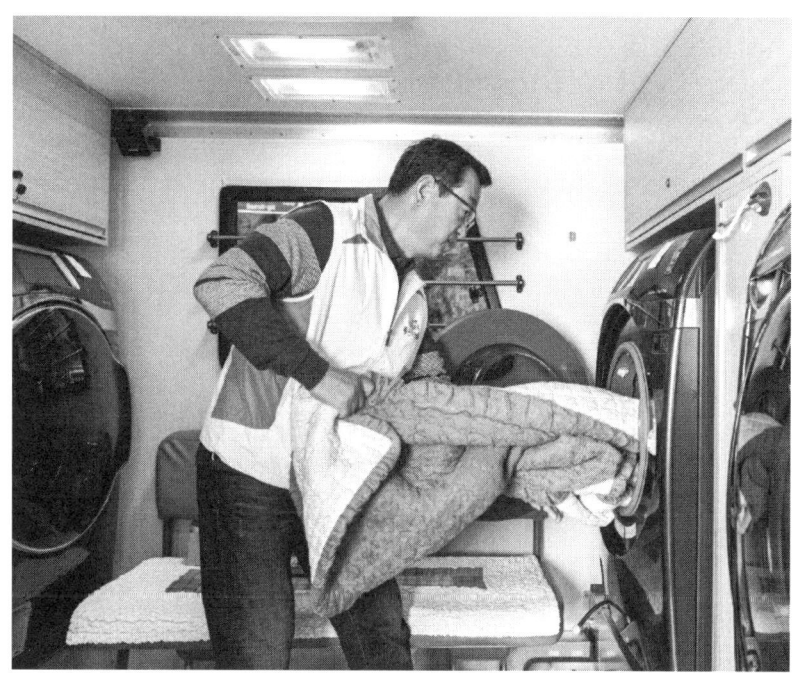

| 고인의 명복을 빈다

오늘은 ㅇㅇ아파트 경로당에 들렀다. 아주머니 한 분이 나를 보더니 "선생님. 나도 이불 세탁할 것이 있는데 우리 아저씨가 말려서 못 가져왔어!"라고 말했다. 말씀인즉, 이불 빨래를 맡기려 했더니 더 어려운 사람들 하게 남편이 말리더란다. 그러면서 "나도 며칠 있으면 팔순인데 말이야."라며 좀 아쉬워했다. 그 아주머니는 얼마 전 점심때 식당에서 만났던 분이다. 사무실 근처 식당에서 혼자 점심을 먹으러 갔는데 그 앞에 다른 아주머니 한 분과 점심을 먹고 계셨다. 눈이 마주쳐 인사를 했고 식사가 나오기를 기다리는데 그분은 내 곁에 다가오더니 어깨를 툭 쳤다.

"점심값은 내가 냈으니 맛있게 들어요."

라고 했다. 내가 난처해하며 어쩔 줄 몰라 하자, 괜찮다며 눈을 깜박이신다. 언제 계산했는지 모르지만 아마도 내가 TV를 쳐다보고 있는 동안 계산한 것 같았다. 그분은 경로당에서 약간 억센 아주머니 중에 한 분이다. 남편이 아파트 동대표 회장도 했고 본인도 경로당 총무를 했기 때문에 어깨에 힘도 많이 들어간 분인 데다 괄괄한 성격 때문에 이 동네에서는 소위 콧방귀 좀 끼는 분이었다. 경로당 물품도 헛되이 쓰지 않도록 철저하게 단속하기도 하지만, 맘에 들지 않으면 호통도 치는 사람이었다.

다른 사람에게 들은 얘기지만, 선거 때마다 여론을 좌지우지할 정도로 드세기도 하고 억척스러운 분이기도 했다. 그런 분은 기분만 잘 맞춰주고 떠받들어 주면 화끈한 사람이다. 나는 그분에게 밥 한 끼 얻어먹을 정도로 비교적 잘 지내는 편이었다. 그 후 언젠가 나도 식사 한 끼나 차라도 한잔 대접하겠다고 마음먹었었다.

그런데 그분이 한동안 경로당에 보이지 않았다. 그런 후 서너 달쯤 지났을까? 그 아주머니가 암에 걸려 3개월 만에 돌아가셨다는 소리를 들었다. 겉으로 억세 보이고 큰소리도 치는 분이었지만, 몸속에는 몹쓸 암 덩어리를 키우고 계셨던 모양이다. 밥 한 끼 갚아주지 못한 채 떠나보내 안타깝기 짝이 없다. 삼가 고인의 명복을 빈다.

내가 정기적으로 이불 세탁을 해드리는 할머니 가운데 바람 불면 날아갈 정도로 마르고 쇠약한 분이 계셨다. 혼자 걸어 다니는 것조차 불안할 정도로 늘 기운 없어 보이는 분이다. 이불 빨래를 하기 전날 전화를 하면 귀가 안 들려 큰 소리를 질러야 했고 '빨래', '빨래'라고만 전달하고 다음 날 아침에 이불을 가지러 가면 보따리를 쌓아놓고 계신 분이셨다. 그래도 만나서 이야기하면 입 모양을 보고 알아차리는지 웬만한 대화는 나눌 수 있는 분이셨다. 그분은 이불 보따리를 운반할 수 없는 분이

라 봉사자들과 함께 수거하고 배달해 드리는데 우리를 만날 때마다

"빨리 죽기나 했으면 좋겠어."

라고 말씀하셨다. 우리는 "할머니, 병원에 다니면서 물리치료도 받고, 약도 좀 드세요."라고 하기도 하고, "운동도 하고, 노인정에도 나가서 사람들과 어울려야지, 혼자 집에만 있으면 더 아프고 힘들어요. 식사 꼭 챙겨 드시고요."라고 달래는 편이다. 할머니는 외롭고 심한 우울증에 시달리고 있는 것 같았다. 그런데도 혼자 거주하고 있는 모습이 안타깝고 불안해 보였다. 누구든 붙잡고 이야기하려 하고, 사람을 반기는 모습을 보면서도 할머니 곁을 떠나와야 해서 미안했다.

얼마 전 기부 물품 꾸러미를 전달하기 위해 할머니를 찾아갔다. 그날도 할머니의 집 초인종을 여러 번 눌렀지만, 전혀 인기척이 없었다. 전화를 받지 않아 되돌아오려는데 문 앞에 인기척이 들렸다. 또 한참을 기다리자 문이 열리고 초췌한 할머니가 빼꼼히 문을 열었다. 나는 물품 꾸러미를 거실에 내려놓으면서 냉장고나 냉동실에 넣어야 할 것을 알려주었더니 할머니는 "알았다."라고 대답하는데 무슨 할 말이 있는 것처럼 보였다.

"몸 구석구석이 너무 아프고, 힘들어 견딜 수가 없어. 빨리 죽었으면 좋겠어."

내 옷깃을 잡고 울먹이는 목소리로 하소연하듯 말했다. 할머니의 얼굴은 금방이라도 눈물을 흘릴 것 같은 표정이다. 얼굴이 일그러지기 시작했다. 도저히 할머니를 똑바로 바라볼 수 없을 정도로 마음이 아팠다.

"할머니, 정말 힘드시구나!, 너무 참지 말고 병원에 꼭 가보세요."
그리고 "밥은 억지라도 조금 드셔야 하고, 약도 잊지 말고 드세요."

할머니는 정말 힘드신 것 같았다. 홀로 사는 노인인 데다 아픈 곳이 늘어나면서 고통스러운 나날을 보내고 있다. 할머니를 다독이고 위로하느라 한참 시간이 흘렀다. 그 모습을 보고 자리를 뜨는 마음이 그렇게 아플 수가 없었다. 간혹 할머니들이 고통을 호소하며 죽고 싶다는 소리를 여러 차례 들었지만, 그것은 거짓말이라는 소리도 들었다. 그분의 표정을 보면 얼마나 아픈지, 정말 죽고 싶어 하는지 짐작이 간다. 종일 집에 혼자 있다 보니 외로움과 우울증에 시달릴 수밖에 없다는 걸 느낄 수 있었다. 그런 일이 있고 난 뒤 1년도 지나지 않아 그분은 아파트 앞 도로를 건너다 차에 치여 돌아가셨다는 소식을 들었다. 한동안 할머니의 모습이 떠올랐다. 삼가 고인의 명복을 빈다.

향한리에는 컨테이너에 살고 있는 한 할머니가 있었다. 그 할머니는 오십이 훨씬 넘은 채 장가도 못 간 장애인 아들과 살고 있는데 주변에서는 '컨테이너 할머니'라고 불렀다. 겨울에는 전기장판에 의지하고 여름은 선풍기로 견뎌내는 분이다. 마을 이장이나 노인회장은 도와줄 게 있으면 꼭 도와달라는 분이셨다.
나는 할머니가 살고 있는 컨테이너를 찾아가 문을 두드렸다. 인기척은 없지만 방안에서 TV 소리는 크게 들리는 걸 보니 안에 사람이 있는 건 확실해 보였다. 다시 문을 두드리며 "계세요?"를 외쳤고 여러 차례 철문을 두드렸지만, TV를 크게 틀어놔서 그런지, 귀가 안 들리는지 인기척이 없었다. 그냥 되돌아오려는데 컨테이너 창문이 빼꼼히 열리더니 할머니의 모습이 보였다. 머리는 어수선하게 헝클어진 모습이고 식사를 제대로 못 하는지 앙상하게 마른 초췌한 얼굴이었다.

나는 반갑게 인사를 하고 "내일 이 동네로 이불 빨래를 하러 오는데 세탁할 게 있느냐?"고 여쭸더니 아무런 대꾸도 하지 않은 채 창문을 확 닫아버렸다. 푸드뱅크에서 기부 물품 꾸러미를 전달해 드릴 때도 좀처럼 문을 열어주지 않아 문 앞에 놓고 올 정도로 폐쇄적인 생활을 하시는 분이었다. 할머니는 외부인들을 무척 의심하고 경계하는 것 같았다. 매달 세탁 봉사를 나갈 때마다 세탁할 게 없느냐 묻기도 했고, 뒷집 시각장애인 할머니의 이불을 수거하고 세탁해다 드리는 걸 컨테이너 창문을 통해 지켜보던 할머니에게 3년 만에 변화가 생기기 시작했다.

그날도 할머니를 찾아가 문을 두드렸지만, 인기척이 없길래 그냥 되돌아오려는데 창문이 빼꼼히 열리더니 할머니의 모습이 보였다. 처음 본 사람이 아니라 크게 경계하는 눈치는 아니었다. 나는 여느 때와 마찬가지로 이불 빨래하실 게 없느냐 물었다.

"덮는 것과 담요가 있긴 한데."

라고 했다. 할머니는 3년 만에 처음으로 세탁을 맡긴 것이다. 나는 "내일 아침에 가지러 올 테니 보자기에 싸 놓으세요."라고 했더니 고개를 끄덕였다. 다음 날 아침 할머니의 컨테이너 집 평상 위에 노란 보자기에 싸인 이불 보따리 2개가 놓여있었다. 할머니가 문밖을 서성이는 걸 보니 내가 오기를 기다리고 있는 것 같았다. 내가 다가가자 팔을 덥석 잡더니 "고마워, 노인들 이불 빨래를 해주니 이렇게 고마울 수가 있나!"라고 하시는 게 아닌가? 나는 깜짝 놀랐다. 그분이 웃음 띤 얼굴로 내 팔뚝을 잡는 걸 보고 놀라지 않을 수 없었다.

지지난해 그리고 지난해에 비해 많이 변한 것 같았다. 그리고 외형적으로 보이는 것도 건강이 나아지신 것 같은 느낌이 들었다. 할머니는 귀가 잘 안 들리는 것 같았지만 환하게 웃는 모습도, 나를 반기는 모습도 처음 보는 거라 사회복지를 하는 사람으로서 보람을 느끼는 순간이었다. 나는 할머니의 이불 보따리를 차에 싣고 돌아오면서 곰곰이 생각해 보았다. 그 할머니를 변화시킨 것은 무엇일까? 이웃집 시각장애인의 이불을 세탁해다 주는 모습도 여러 번 보았을 것이고, 자신에게 몇 차례 세탁할 것이 있느냐고 물어보는 것을 보아왔다. 무엇보다 우리가 수년째 기부 물품을 전해드리면서 경계를 푼 게 아닌가 싶다. 그날 내가 세탁한 이불과 담요 보따리를 가지고 갔을 때도 문 앞을 서성이다 반갑게 받으셨다. 나에 대한 경계를 푼 게 분명해 보였다. 사회복지는 한 사람이 오랫동안 진심을 보일 때 상대방이 마음의 문을 열 수 있다는 걸 깨달았다.

그렇게 할머니의 이불을 세탁해 드린 지 2년쯤 지났는데 어느 날 이불 세탁을 해주러 갔더니 컨테이너 출입문이 굳게 닫혀 있었다. 마을회관을 찾아가 그 할머니의 소식을 물었다. 할머니의 치매가 악화하고 몸이 쇠약해져 할 수 없이 요양원에 들어갔고 아들은 장애인 시설로 보내졌다고 했다. 할머니가 살아계시긴 한 걸까?, 얼마나 아픈 건가? 이런저런 생각이 들었다. 나에게 겨우 경계의 끈을 풀었는데 갑자기 힘이 빠졌다. 그리고 마음이 무거워졌다. 몇 달이 지난 뒤 할머니는 돌아가셨다는 소식을 들었다. 삼가 고인의 명복을 빈다.

이00 할머니는 어느 교회에서 제공하는 집에 혼자 거주하는 97세 독거노인이다. 말을 알아듣지 못할 정도로 청력이 떨어진 것 빼고는 건강도 좋고 옷도 깔끔하게 입는 편이다. 언젠가 세탁한 이불을 가지고 가서 말을 걸었다. "자식들은 자주 다녀가느냐?"고 물었더니 금방 눈가에 눈물방울이 생기는 것 같았다. 나는 금방 후회했다. 괜스레 가족관계를 물어 할머니의 마음을 아프게 했다고 생각했다.

"아들이 세 명이나 있었는데 내가 박복해서 큰아들과 막내아들을 먼저 보냈다.
둘째 아들만 있는데 간혹 며느리가 다녀간다."

라고 말했다. 딸도 한 명 있었는데 어렸을 적에 일찍 잃었다고 했다. 생활비를 물었더니 기초생활보장 수급비로 생활하고 일부는 십일조와 감사헌금을 꼬박꼬박 내고 있다고 했다. 다만, 반찬거리를 사러 나가야 하는데 몸을 제대로 움직이지 못하니 대충 먹고 지낸다고 했다. 그러면서 내게 하는 말이 "이제 이 세상도 얼마 남지 않았으니 꼭 예수를 믿어라."라는 말을 잊지 않았다. 어렵게 살지만 깔끔하게 정리하고 단정한 옷차림을 하셨던 그 할머니는 우리를 만날 때마다 이런저런 말씀을 많이 해주셨다. 그 다음 해 할머니도 예수님 곁으로 떠나셨다. 삼가 고인의 명복을 빈다.

내가 상대했던 분들이 대부분 연세 많은 노인이라 간혹 마을을 다니다 보면 눈에 띄지 않는 경우가 생기게 마련이다. 나의 소중한 고객이었던 분도 있고, 나에게 웃으며 친절하게 대해주던 분도 있다. 모두 고맙다며 뭐든지 먹을 걸 챙겨 주는 분들이었다. 내가 자식 같다며 내 어깨를 툭툭 치며 정겹게 해주신 분들, 한해 다르게 수척해진 할머니들의 모습이 하나씩 사라지는 걸 지켜보았다. 모든 이들의 명복을 빈다.

제3부

빨래 봉사

│ 이런 건 처음이지

내가 2.5톤 세탁차의 핸들을 잡기 시작한 것은 2014년 12월이었다. 내게 쥐어진 것은 오직 트럭의 열쇠 한 개뿐이라 당황스럽고 막막하기만 했었다. 이동 세탁차가 들어온 지 처음 맡는 자리라 인계해 줄 전임자도 없었고 세탁차에 대해 알려줄 사람도 없으니 그야말로 맨땅에 헤딩해야 할 상황이었다. 열쇠를 들고 차량에 올라탔다. 이렇게 높은 차량에 그것도 투박하기 짝이 없는 트럭 위에 올라온 건 평생 처음이었다.

시동을 걸자, 큰 차가 흔들리고 시동 소리가 굉음처럼 들리는데 약간의 두려움이랄까 긴장감마저 느꼈다. 시동을 켜놓고 차량 밖으로 내려와 한 바퀴 돌아보았다. 구석구석을 쳐다본들 알만한 게 하나도 없는 문외한이면서도 그냥 신기한 듯 바라보고 차량의 움직임을 지켜보았다.

겁에 질린 듯 클러치를 세게 밟아 1단부터 5단까지 수동기어를 넣어보고 후진 기어도 넣어보면서 스틱을 익혔다. 처음 운전대를 잡았을 때처럼 살며시 앞으로 나가 보았다. 큰 차가 움직이기 시작했다. 내가 처음 트럭 운전을 시작한 것이다. 차체가 높다 보니 앞에 보이는 시야도 넓고 백미러로 양쪽 끝까지 멀리 보이니 마음은 편했다. 운전하면서 습관적으로 실내 거울을 쳐다보지만, 탑차의 희미한 벽만 보일 뿐 어색하고 답답했다. 아무튼 첫날은 동네 한 바퀴를 돌아보고 시운전을 마쳤다.

내가 이렇게 말하면 '그까짓 트럭 운전을 두고 뭘 그렇게 유난을 떠니?'라고 할 수도 있는데 난 군대 생활하는 동안 기계를 다루는 일을 한 적이 없었다. 집안일도 손재주가 없는 편이라 아내한테 "손이 야무지지 못하다."라는 소리를 들었지만, 결국 '기계치' 또는 '똥손'이란 표현을 에둘러 말했던 것으로 생각한다. 그랬던 내가 트럭의 안내 책자를 여러 차례 읽어본들 쉽게 눈에 들어올 리 만무했다. 그렇게 긴 군대 생활을 마치고 내 인생 2막은 시작되었다.

2014년 12월 초 자원봉사자들과 계룡효센터로 첫 번째 봉사활동을 나갔다. 날씨는 춥고 땅은 빙판길이라 운전대를 잡은 내 가슴은 쪼그라들 대로 쪼그라들어 있었다. 이 지역에 17년이나 살았으면서도 처음 가는 낯선 길을 기어가듯 달려 주차장에 도착했다. 배수 라인을 연결하고 콘트롤박스의 전원을 넣자 발전기에 시동이 걸렸다. 모두 경험이 없는 가운데 차량에 매달려 한바탕 소란이 벌어졌다.

한 사람은 "이제 이걸 올려야겠지?", "아냐, 이거부터 해야 할 것 같은데?", "우선 세탁기로 물 공급을 해야 하는 거 아냐?", "일단, 세탁기 전원을 눌러 봐!" 서로 도와주겠다는 바람에 아수라장이 되고 말았다. 그렇게 하나씩 가동해 처음으로 세탁기가 돌아가기 시작했다. 우리는 모두 환호성을 지르며 추억의 첫 이불 세탁을 시작할 수 있었다. 이렇게 좌충우돌한 것도 다 이유가 있었다. 차량은 안내 책자가 있지만, 개조한 이동 세탁 시스템은 별도의 안내 책자가 없었기에 처음 차량을 인수한 사람이 들었던 기억밖에 없으니 해프닝의 연속이었다.

이불을 세탁기에 넣고 돌리기 시작하자 마음이 놓였다. 그동안 춥다는 생각을 못 했는데 살을 에는 듯한 찬 바람이 불어오기 시작했다. 나는 시동이 꺼진 차량 조수석에 앉아 뜨거운 커피 한잔을 마시며 몸을 녹였다. 그래도 가슴설렌 첫 출장이고 무사히 세탁기를 돌릴 수 있어 한편으론 뿌듯했다.

세탁기가 한 바퀴 돌아간 뒤 또 다른 이불을 넣고 봉사자들로부터 세제와 섬유유연제 넣는 걸 배웠다. 양은 얼마만큼 넣는 게 좋고, 세제는 어떤 게 좋고, 섬유유연제는 무슨 향이 좋다며 한참 설명하는데 귀에 들어오지 않았다. 아무튼 세탁기 작동법이나 적정한 크기의 이불을 넣는 방법 그리고 세탁된 이불을 털어 예쁘게 접는 방법을 그때부터 익혀 나가기 시작했다.

'집에서 세탁기라도 한번 돌려볼걸!'

하는 아쉬움도 들었다. 2.5톤 박스카는 생각보다 크고 길었다. 큰길은 어느 정도 익숙해졌지만 내가 다녀야 하는 꼬불꼬불한 시골길이나 농로 그리고 좁은 골목길을 지날 때는 신경이 곤두섰다. 남이 하는 건 그냥 쉬워 보였는데 내가 하는 일은 참 어려웠다. 넓은 아스팔트 길을 달리다 시멘트 포장길을 따라 시골 마을로 핸들을 돌렸다. 차 한 대 지나갈 정도의 좁은 농로이고 양쪽으로는 깊은 논이라 등에서 진땀이 흘러내렸다. 운전석에서 좌우 백미러를 통해 내다보이는 깊숙한 논바닥은 나를 당황하게 했다. 차량의 뒤끝을 봐가면서 조심스럽게 진입했던 그 시골길을 시내버스는 쌩쌩 달리는 게 신기했다.

연화동 입구 마당 넓은 곳에 있던 경로당이 동네 한가운데로 옮겨졌다. 처음 그곳을 가는데 벽돌담과 담장 안 감나무와 대추나무가 집 밖까지 늘어져 있고, 한쪽에는 전봇대가 자리하고 있어 나는 차에서 내려 빠져나갈 각도를 계산하고 있었다. 그러자 한 할머니가 내게 말했다.

"여기 레미콘 차도 지나간 적 있어요."

라고 하는데 은근히 자존심 상하기도 했고 차에 긁히는 일이 있어서도 안 되니 조심스럽게 다시 차에 올랐다. 왼쪽 백미러가 달까 말까 할 때까지 최대한 바짝 붙이고 앞으로 이동한 뒤 오른쪽 전봇대에 닿지 않도록 천천히 진입하자 길가에 늘어진 대추나무와 감나무에서 우두둑 열매 쏟아지는 소리가 들렸다. 좌우 백미러를 주시하며 진입에 성공했다. 나를 쳐다보던 할머니들이 앞에서 '이제 됐다'라며 엄지척했다. 그래도 대형운전면허를 취득할 때 경험을 최대한 살렸고, 내 운전 감각이 만족했던지 속으로 씩 웃었다.

군에서 전역할 무렵 '혹시 모르니 따둘까?' 하는 생각에 운전면허 시험장을 찾았었다. 낡고 둔탁한 버스에 올라 운전 연습을 하는데 내가 생각해도 신기했다. 핸들을 얼마만큼 돌리면 어디까지 가고, 앞머리를 어디까지 붙여야 합격할 수 있다는 선생님 말씀이 귀신같이 맞아떨어지니 역시 운전은 공식대로 하는 게 상책이란 걸 그때 알았다.

내가 처음 운전을 접한 것은 1983년경이었다. 멀리 떨어진 부대를 다닐 때 이동 수단이 오토바이였기 때문에 원동기 운전면허가 필요했다. 평소 자전거를 탔던 만큼, 오토바이도 문제없으리라 믿고 삼송리 운전면허 시험장에서 면허시험을 봤다. S자와 T자를 천천히 지나면서 시동이 꺼지지 않고 발이 닿지 않는 게 핵심이었다. 첫 번째 시험에서는 오토바이가 거의 멈추듯 하면서 발을 땅에 닿아 낙방했고, 두 번째 도전에 원동기 면허증을 취득할 수 있었다. 그 후 2종 보통과 1종 보통을 거쳐 대형면허를 취득했으니 운전에서는 단계별로 정상에 오른 것이나 다름이 없었다. 나로 인한 교통사고가 전혀 없는 모범운전자였다.

그런데 주차난이 심각한 아파트 주차장을 드나드는 것은 또 다른 어려움이 있었다. 해가 중천에 떴지만, 주차장에는 차가 가득했고, 많은 차가 이중주차 또는 일자 주차를 해놓은 상태였다. 아파트 앞 수돗가 근처로 차를 진입하기 위해 일자 주차된 차량을 한 대씩 밀고 당기며 공간을 확보한 뒤 조심스럽게 조금씩 진입하던 중이었다. 그때 수면 바지 차림에 양쪽 귀에는 이어폰을 낀 남성이 운전석에 앉은 나를 향해 삿대질해가며 무언가 소리를 지르길래 창문을 열었다.

"빨리 내려오란 말이야!, 안 내려와!"

라고 소리를 지르는 것이었다. 난 영문을 몰라 "무엇 때문에 그러느냐?"며 물었더니 일자 주차한 차량을 자기 차 앞에 밀어놓으면 어떻게 하느냐는 것이었다. 나는 세탁차를 주차한 뒤 옮겨 줄 테니 걱정하지 말라고 양해를 구했다. 그런데 막무가내였다.

"안 내려와?, 무슨 일을 이따위로 해!, 여기가 어디야?"

라며 차량에 부착된 회사명과 전화번호를 가리키며 "아! 사회복지협의회야?"라며 당장 전화라도 걸 것처럼 소리를 지르길래 차를 정차시키고 내려갔다. 그랬더니 "차를 여기다 밀어놓고 네 차만 지나가면 그만이야?, 나한테 이 차를 밀란 말이야!"며 고함을 질러댔다. 내게 삿대질해가며 무섭게 소리를 지르는데 기가 막혔다. 주차할 장소와 10미터 떨어진 곳이었고, 차량이 한창 진입하고 있는 걸 보면서 '이게 그렇게 화를 낼 일인가?' 생각도 들었지만, 한편으로는 '이 자식 미친놈 아닌가?' 싶은 정도였다. 지나가던 사람들이 이를 지켜보고 있었고 화가 치밀어 올랐지만, 어찌할 도리가 없었다. 내 소속이 새겨진 차를 운전하는 사람이라 그냥 죄송하다고 인사하고 일자 주차 차량을 밀어주고 주차했다.

"똑바로 해!"

그 사람은 내가 자기 차 앞에 일자 주차된 차량을 다른 곳으로 밀어 놓는 걸 확인한 뒤 한 마디 던지며 집으로 들어갔다. 그 차는 몇 시간이 지날 때까지 움직이지 않았다. 세탁하는 동안에도 '내가 트럭 운전을 하니까 깔보는 건가!'라는 생각이 맴돌아 씁쓸했다. 한편으로는, '저소득계층 사람들은 독기 가득 차고 억세게 변하며 세상을 원망하는 것은 아닐까?' 생각도 들었다. 관공서에서 "당신은 내가 낸 세금으로 봉급 받는 사람이잖아."라며 삿대질하고 호통치는 민원인처럼 그들은 영원한 '갑'인가 보다. 그날도 몹시 우울한 하루를 보냈었다.

| 물과 싸움

 오늘 아침은 영하 11℃로 몹시 추웠다. 길을 걷는 사람들은 바짝 움츠리고 있는 재두루미처럼 머리를 옷깃 속으로 쏙 집어넣고 발걸음을 재촉하는 모습이다. 그런 사람들의 모습이 더 춥게 만든다. 이런 날에는 두꺼운 외투 꺼내입고 모자와 마스크 그리고 장갑을 끼고 걸으면 견딜 만하다. 그러나 나는 물과 힘겨운 싸움을 견뎌내야 한다.
 출근하자마자, 세탁차를 수돗가로 옮겨 놓고 꽁꽁 언 세탁실 내부를 녹이기 위해 히터를 튼 뒤 수돗물을 받기 시작했다. 웬걸 한참 시간이 지났지만, 세탁차의 급수 게이지가 미동도 하지 않았다. 차량 내 급수라인 구석구석의 연결 밸브가 얼어 수돗물이 세탁차 안으로 들어가지 못하는 것으로 진단되었다. 어제 꼼꼼하게 물빼기했지만 미세하게 남은 물이 얼어버린 것처럼 보였다. 커피포트에 물을 끓여 연결 밸브에 붓기 시작했다. 이동 세탁차는 물탱크에 물을 채우고, 펌프를 작동시켜 순간온수기를 통해 4대의 세탁기에 물을 공급하며, 세탁이 끝나면 배

수 라인을 통해 외부로 품어내야 하므로 수많은 배관이 있고, 그 사이사이에 연결 밸브가 설치되어 있다.

물탱크로 연결되는 배관과 밸브, 펌프의 연결 밸브에 뜨거운 물을 연신 붓고 물을 받는 데 꼬박 한 시간이 걸렸다. 시골 마을로 운전할 때도 구석구석 남아있는 잔 얼음을 녹이기 위해 차를 이쪽저쪽으로 흔들거리며 몰았다. '한겨울에 무슨 이불 빨래야?'라고 할 수도 있겠지만 우리를 기다리는 할머니들이 있어 무더운 여름이나 꽁꽁 언 겨울에도 쉬지 않고 이불 빨래를 다닌다.

마을 경로당 앞에 도착하자 평소보다 더 많은 이불 보따리가 쌓여 있었다. 이불 뭉치가 큰 걸 보니 오늘도 오후 늦게까지 일해야 할 것 같았다. 차량의 발전기를 돌리고 펌프를 작동하였으나 세탁기 안으로 물이 공급되지 않았다. 펌프에 미지근한 마중물을 넣고, 중간 밸브를 열어 단계별로 물이 공급되는 걸 확인했지만, 세탁기까지는 공급되지 않았다. 다시 커피포트에 물을 끓여 세탁기 세제 투입구 쪽으로 뜨거운 물을 부으며 세탁기 내부의 미세한 부분까지 녹여주느라 정신이 없었다.

"내가 1번이야!"
"난 시내에 볼일이 있으니 먼저 해줘요!"

그런 와중에 할머니들은 서로 먼저 해 달라고 아우성친다. 나는 세탁기가 작동되지 않아 이리 뛰고 저리 뛰는데 할머니들의 아우성이 들려오자 짜증이 나기 시작했다. 나는 "차례대로 다 해드릴 테니 걱정하지 말고 기다리세요."라고 말씀드렸다. 그뿐이 아니다. 자원봉사자들도 이리저리 날뛰는 나를 보면서 "아이고 추워! 이렇게 많은 걸 언제 다해?" "앞으로는 몇 명만 예약받죠?", "1~2월은 쉬어야겠어요" 등 한 마디씩 던지는데 귀에 거슬렸다.

오전 11시가 넘으면서 세탁기 한 대씩 한 대씩 작동되기 시작했다. 아홉 시부터 시작된 물 그리고 얼음과의 싸움이 지나갔다. 따뜻한 커피 한 모금을 들이켜니 내 마음속 긴장도 풀리고, 꽁꽁 얼었던 내 몸도 조금씩 녹아 내리는 것 같았다. 역시 커피는 커피포트에 팔팔 끓인 물로 타는 게 제맛이다. 겨울철 이불 세탁은 얼어붙은 물과의 싸움이다. 그렇게 12월부터 2월까지 하루하루를 보내야만 했다.

나는 엄동설한인 동짓달 생일이라 겨울을 좋아했다. 추위는 몸을 움츠러들게 하지만, 옷을 껴입으면 될 일이고 모닥불을 피우면 그만이다. 모닥불의 불꽃을 바라보면 그냥 행복하고 따뜻했다. 그래서 요즘 젊은이들이 불멍을 하는지도 모른다. 기체가 빠르게 연소하면서 생기는 불꽃은 나도 모르게 내 마음속을 정화시키고 머릿속을 개운하게 해주는 마력이 있다. 컴컴한 밤 텐트 앞에 군불을 피워놓고 불꽃을 바라보면, 마치 밤낚시에서 유난히 빛나는 야광찌를 넋 놓고 바라볼 때와 마찬가지로 온갖 잡념이 사라진다. 아니 망각 속으로 빠져든다. 낚시에 빠진 사람들은 손맛을 보기 위해서라고 하지만, 나는 야광찌를 바라보며 머리를 식히는 밤낚시가 훨씬 좋다.

어릴 적 할머니가 소죽을 끓이기 위해 이른 새벽 아궁이에 불을 피워 사랑방 아랫목을 뜨겁게 달궈준 일은 평생 잊히지 않는다. 새벽녘 방바닥이 식어 몸을 움츠리고 이불을 휘감을 무렵 할머니는 벌써 아궁이에 불을 지피기 시작했다. 금세 방바닥이 따뜻해지면서 맛있는 새벽잠을 조금 더 자게 했었다. 이른 아침 구유에 김이 펄펄 나는 소죽을 가득 퍼준 다음 깨끗하게 씻은 솥단지에 세숫물을 데운 뒤 우리를 깨우셨다.

한겨울 세탁하고 있는데 펌프에서 물방울이 뚝뚝 떨어지고 있었다. 밸브를 열었다 다시 잠그고 나사를 좀 더 조였지만 물방울은 계속해서 떨어졌다. 주변 바닥이 점점 젖기 시작했고 물줄기가 만들어지고 있었다. 차량 운전을 하지만 기계 분야에 문외한이라 당혹스럽고 답답해지기 시작했다. 차량을 개조한 업체나 펌프회사에 전화를 해봤지만 "글쎄요. 봐야 할 것 같은데요."라는 대답뿐이었고 뚜렷한 해결 방법이 없어 주변 정비업소를 찾아갔다. 기계를 만지는 사람이라 금방 문제점을 알아차리는 듯했다.

　차량을 한 바퀴 돌아보고는, "좋은 일 하러 다니는 듯한데 여기서 고치면 수리비가 많이 나올 수 있으니 내가 시키는 대로 해 보세요."라고 알려주었다. 나는 동네 철물점에서 드레인밸브 1개를 사고 차 밑으로 들어가 누운 채 스패너로 밸브를 풀었다. 추운 겨울날 물이 솟구치기 시작했고 내 얼굴에도 물이 튀기 시작했다. 순간 방수밴드를 감은 드레인밸브를 끼우고 스패너로 꼭꼭 조이기 시작했다. 비록 차디찬 물세례는 받았지만, 난생처음 기계를 완벽하게 정비한 것에 마음이 뿌듯했다.

　그뿐 아니라 이런 일도 있었다. 한참 세탁기가 돌아가는데 세탁기 내부에서 '꾸르륵' '꾸르륵' 소리가 나기 시작하더니 세탁기 액정화면에 '배수라인 점검' 에러(error) 표시가 떴다. 나도, 봉사자들도 이유를 몰라 당황스러웠다. 한참 확인하다 보니 세탁은 했는데 배수가 되지 않는 모양이었다. 날씨가 추운 관계로 배수 라인이 얼어버린 것이었다.

　영하의 추운 날씨에 트럭의 앞뚜껑을 젖히고 박스카의 좁은 문을 열어 세탁기 뒤쪽 배수 라인을 뜯고 녹여줘야 했다. 세탁기를 넣기 위해 개조된 차량이라 공간이 무척 좁았다. 세탁기에서 배수 라인을 풀고 뜨거운 물을 붓기 시작했지만, 꽁꽁 얼어붙은 플라스틱 배관이 쉽게 녹을 리 없었다. 나도 그렇지만 봉사자들의 발길이 바빠지기 시작했다. "물 좀 더 팔팔 끓여봐요", "혹시 철사를 구할 수 없을까?" 한동안 어수선했다. 영하의 날씨에 손은 얼어 있었고 옷은 먼지투성이가 되었지만 이를 해결하기 위해서는 방법이 없었다.

커피포트로 펄펄 끓인 물을 연신 호스에 붓기도 하고 부녀회장이 구해다 준 철사로 호스의 끝부분부터 파내기 시작했다. 그렇게 한 시간이 넘도록 야단법석을 떨고 나서 호스에 있는 얼음을 모두 꺼낼 수 있었다. 호스를 다시 세탁기에 연결한 뒤 전원을 넣고 탈수 버튼을 눌러 시험에 들어갔다. '쏴' 하며 물 빠지는 소리가 들리는 순간 나는 물론이고 봉사자들도 다 함께 손뼉을 쳤다.

그리고 "Bravo"를 외쳤다.

그렇듯, 겨울철 세탁 봉사는 추위와의 싸움부터 시작된다. 세탁차의 배관에 보온재를 감싸고, 세탁기 사이에 스티로폼을 끼워 동파 방지를 해준다. 그리고 매일 아침 꽁꽁 얼어 있는 세탁차의 배관과 밸브를 녹이는 일도 중요하다. 무엇보다도 건물 밖에 있는 수도가 얼지 않도록 이불로 꽁꽁 싸매고 스티로폼으로 덮어주는 일도 큰 과제 중의 하나였다. 물론, 영하의 날씨가 이어지는 시기에는 수돗물이 한 방울씩 떨어지도록 개방해 놓는 일도 내 일이었다. 일 년 가운데 겨울철 3개월이 가장 힘겨운 시기였다.

어릴 적에는 마을 앞 냇가 얼음 위에서 온종일 썰매를 탔었다. 그때는 변변한 장갑이나 방한복도 없을 때였지만 엄마가 밥 먹으라고 소리칠 때까지 친구들과 노느라 정신이 없었다. 때로는 얼음 속 큰 돌을 망치로 내려치고 떠오르는 물고기를 잡는 일도 했었다. 냇가에서 우리가 잡은 물고기를 냄비에 넣고 라면 몇 개를 끓여 먹을 때 그 맛은 잊히지 않는다.

나는 시골 사람이라 겨울철에는 꿩이나 토끼 사냥을 하기도 했다. 햇볕이 가장 잘 드는 곳, 눈이 온 뒤 가장 먼저 녹는 곳, 산소 옆 모퉁이에 약을 섞은 메주콩 몇 개씩 놓아두면 준비가 끝난다. 그다음 날 산을 돌아다니며 곤두박질친 꿩을 찾으러 다닌다. 토끼가 다니는 길목에 올가미를 놓기도 했었다. 그 당시 우리가 살던 시골집은 대부분 초가집이 많았다. 그래서 초가집 넉가래와 이엉 사이에 굴을 뚫어 참새들이 무단 거주하는 경우가 많았다. 어두운 밤 참새들이 깊은 잠에 빠질 즈음 사다리를 놓고 올라가 새집에 손을 깊숙이 넣으면 부드러운 감촉의 참새가 내 손아귀에 들어온다. 시골에서는 겨울 참새구이 야식을 먹는 추억도 있었다.

 그런데 그런 겨울이 점점 싫어졌다. 차량에 달린 펌프를 작동시키기 위해서는 마중물을 부어야 한다. 마중물은 펌프 속 흡입 배관에 물이 없으면 펌프가 회전을 시작해도 양수가 되지 않기 때문에 미리 펌프 속이나 흡입 배관 속에 물을 주입하는 것을 말한다. 겨울철에는 마중물을 붓기 전 뜨거운 물을 먼저 부으면 내부의 미세하게 얼었던 얼음이 녹기 시작한다. 마중물을 가득 채운 뒤 전원을 넣으면 한참 동안 꾸르륵 꾸르륵거리다 모터가 돌기 시작한다.
 우리가 수행하는 사회복지도 취약계층이나 위기 가정이 하루빨리 제자리를 잡을 수 있도록 마중물 역할을 하고 있다. 나는 일 년 열두 달 쉼 없이 세탁 봉사를 다녔지만, 겨울은 꽁꽁 언 물과의 싸움이라 참 힘겨웠다.

이런 일도 있지

오늘도 세탁기가 '쑤어 쑤어' 소리 내며 힘차게 돌아가고 있었다. 이 동네는 규모도 크지만, 평소에도 세탁량이 엄청 많은 곳으로 소문나 있는 곳이다. 오후 세 시를 넘기면서 산더미처럼 쌓였던 이불 보따리가 거의 사라져가는 시간이었다. 나도 그렇고 자원봉사자들도 피로가 몰려오는 시간인데 아주머니 한 분이 세탁차로 찾아오셨다.

"카펫을 빨랫줄에 널다 보니 한쪽에 흠집이 생겼는데 어떻게 하죠?"

라고 했다. 나는 그 말을 듣는 순간 무슨 일이 생겼구나 생각하며 일단 가져와 보라고 했다. 아주머니가 가져온 카펫을 펼치자, 한쪽 면이 닳아 너덜대는 모습이었다. 나는 카펫이 비교적 새것이라 "수선이라도 해서 쓰셔야겠는데요."라고 했더니 아주머니는 망설임도 없이 "그러면

수선해다 주세요." 그러는 게 아닌가. 난 그러겠다고 대답하고 카펫을 받아 놓았다.

봉사자들과 마주 앉아 원인을 찾기 시작했다. 봉사자 한 분이 당시 상황을 이야기했다. 비교적 크고 뻣뻣한 카펫인데 주인이 접어온 대로 세탁기에 넣었더니 문이 닫히지 않아 억지로 구겨 넣고 세탁기를 돌렸다고 했다. 원인은 거기에 있었다. 큰 이불이나 카펫은 세탁기 내부의 길이만큼 접어서 세탁기 안에 넣어야 하는데 그날은 접어온 대로 넣다 보니 세탁기 문짝에 지속적으로 부딪치면서 상처가 발생한 것이었다. 봉사자는 난감해 어쩔 줄 몰라 했다. 나는 "그 당시 제가 다른 일 하느라 챙기지 못해 발생한 일이니, 걱정하지 말라."고 하자, 조금 마음이 놓이는 듯했다.

나는 상처 난 카펫을 다음날 수선집에 맡겼다. 일주일이 지난 뒤 카펫을 찾으러 갔더니 상처 부위가 감쪽같이 메워져 있었다. 원래 이 동네에서 수선을 잘하기로 이름난 곳이기도 하지만, 꼼꼼한 주인 덕분에 손댄 부분이 전혀 표나지 않았다. 내가 놀라서 어떻게 수선했는지 물었더니 주인은 으쓱대며 말했다. "다른 헝겊을 대면 겉으로 표나기 때문에 양쪽 부분을 최대한 당겨 하나하나 손으로 꿰매느라 한참 고생했다."라고 너스레를 떨더니 "만 원만 주고 가세요."라고 말했다.

내 사정을 알게 된 사무실 여 국장은 "깔끔하게 수선되어 다행인데 그래도 섭섭해할 수 있으니 사무실에 있던 여름 이불 한 채도 가져다드리라."고 했다. 내가 아주머니 집을 찾아가자 문밖에 나와 기다리고 계셨다. 수선한 카펫을 보여주며 감쪽같이 수선했다고 설명하고 여름 이불 한 채를 덤으로 전했지만 크게 감동하지 않은 채 덤덤한 표정으로 "고맙다."라고 짧게 인사했다. 보통 할머니들은 그런 일이 있을 때 "뭐 이불까지 줘. 미안해 죽겠네."라고 할 텐데 그런 인사는 없었다. 만원의 수선비가 아까운 건 아니었다. 또 섭섭하지도 않았다. 그냥 멋쩍었던 것 같다.

그날도 이불과 카펫을 아주머니에게 전달하고 돌아오는데 몇 년 전 있었던 일이 생각났다. 결혼도 하지 않은 육십 대 초반의 남자인데 약간의 장애가 있는 사람이었다. 기부 물품을 전달해 주기도 했고 정기적으로 세탁을 해주던 사람이라 길에서 만나면 나에게 '형님'이라 부르며 인사하던 사람이다.

언젠가 세탁을 맡긴 극세사 이불을 찾아가라고 전화했더니 외부 출타 중이라며 근처의 난간에 널어 달라는 것이었다. 나는 세탁차가 있는 근처 햇볕이 잘 드는 곳에 이불을 널어놓았다. 그런데 한참 빨래를 하다가 난간을 쳐다보니 이불이 보이지 않았다. 아뿔싸, 갑자기 정신이 혼미해졌다. 급하게 주변을 살펴보았지만, 이불을 찾을 수 없었다. 옆에서 쉬고 있던 할머니들에게 물었더니 "어떤 여자분이 걸어가는 것 같았다."라고 했다. 그렇지만 찾을 길이 없었다. 하는 수 없이 이불 주인에게 사정 이야기를 했고 한두 시간이 지난 뒤 그가 돌아왔다. 그의 표정은 황당하다 못해 어안이 벙벙해 보였다.

나는 "우선 관리사무소 CCTV를 확인해서 누가 가져갔는지 일단 찾아보라."고 일러준 뒤 사무실로 복귀했었다. 그렇지만 그곳이 사각지대라 CCTV에 나타나지 않는다고 했다. 하루가 지나고 이틀이 지났지만, 이불을 찾지 못했다.

"형님, 어떻게 해요?"

라며 그는 나에게 물었다. "마음에 드는 이불 하나를 새로 사야지, 어디서 살까?" 그랬더니 "알았어요."라고 대답했다. 며칠 뒤 근처 '이브00'에서 8만 4천 원짜리를 구매했고 자신이 절반은 계산했으니 나머지는 내달라고 하여 나도 4만 2천 원을 계산해 준 적 있었다. 그때 생각이 나서 또 피식 웃었다.

일을 하다 실수하는 게 그것뿐이겠는가. 이불 보따리를 넣은 세탁기가 한참 돌아가는데 갑자기 세탁기 안에서 뭔가 부딪치는 둔탁한 소리가 들렸다. 순간 나도 그렇고 자원봉사자들도 뭔가 문제가 생겼다는 걸 직감하고 세탁기 안을 들여다보았다. 봉사자 한 명이 "세탁기 안에 뭔가 들어있는 것 같은데 뭐지?"라고 하는데 순간 내 머릿속에 스쳐 지나가는 게 있었다. 한 할머니가 어제저녁 전화할 때 "보자기 안에 음료수를 넣어 놓을 테니 봉사자들하고 잘 마셔요."라고 했던 말이 떠올랐다. 나는 급하게 세탁기 작동을 중단시켰다.

멈춰 선 세탁기 안에 물이 흠뻑 먹은 이불을 뒤적이며 무언가 찾기 시작했다. 아니나 다를까 이불과 이불 사이에서 쌍화탕 한 병을 찾아냈다. 쌍화탕이 세탁기 내부를 돌면서 들렸던 소리였다. 그리고 또다시 이불속을 뒤지기 시작했는데 한참 만에 쭈글쭈글하게 변해버린 베지밀 한 개를 발견했다. 다행히 터지지 않은 상태라 냄새는 그렇게 심하게 나지 않았다. 벌써 내 옷깃은 물로 흠뻑 젖어버렸다. 우리가 세 명이 온다는 걸 알기 때문에 할머니가 두 개만 넣지 않았을 것 같아 세탁기 내부를 수없이 뒤졌지만, 추가로 찾아내지 못했다. 이불이 물을 흠뻑 먹은 상태라 쉽게 찾아지지 않았기에 좀 찜찜했지만 그대로 세탁기를 다시 돌리기 시작했다.

그런데 웬걸 한 시간이 지나고 이불을 꺼내는데 베지밀 냄새가 진동했다. 이불속에 남아있던 베지밀 한 개가 세탁기 안에서 터져버린 것이었다. 베지밀은 다 터져 범벅이 되었고 세탁된 이불과 세탁조에도 냄새가 가득 배어 있었다. 우리는 할 수 없이 다시 세탁할 수밖에 없었다. 그분은 분명 내가 먹으라고 쌍화탕을 주셨고, 봉사자들이 먹을 두유 두 개를 넣으셨을 것이다. 아들 같다며 나를 늘 챙겨 주는 분이기에 그분의 마음을 나는 잘 안다. 이불 보자기 속을 꼼꼼하게 확인하지 못한 게 내 실수였다. 덕분에 그분의 이불은 세탁기를 두 번이나 돌려 더 깨끗하게 세탁되었는지도 모른다.

그런데 더 황당한 일도 있었다. 이 동네 경로당은 교통량이 제법 많은 도롯가에 위치해 늘 교통사고 위험에 놓여있는 곳이다. 그렇지만 주차할 곳이 없어 세탁차를 도롯가에 주차하고 경로당 앞 수도에서 물을 공급받으며 이불 빨래를 하는 곳이다. 그러다 보니 우리가 도착하기 전 할머니들은 이불 보따리를 버스 정거장 의자에 차례대로 올려놓곤 했었다.

그날도 내가 도착하자, 예전처럼 버스 정거장 의자 위에 이불 보자기가 몇 개 놓여있었다. 평소보다 세탁물이 많지 않다는 생각이 들었지만, 순서대로 빨래를 시작했다. 한참 시간이 지난 뒤 한 아주머니가 오더니 내게 말했다.

"내 이불이 왜 안 보여요?"

라고 묻기에 전체적으로 다시 확인하기 시작했다. 서너 집의 이불 보따리가 사라진 것이다. 노인회장과 아주머니 몇 분이 나와 발을 동동 구르며 이야기하는 걸 들어보니 내가 도착하기 직전 몇 개의 이불 보자기를 놓아뒀는데 그 사이 누가 가져갔다는 것이다. 네 개의 이불 보따리가 있었는데 그중 헌 이불이 쌓인 보자기는 놔두고 세 개만 없어졌다는 것이었다.

"누군가 이불이 쓸 만하니 가져간 것 같다.", "버린 건 줄 알고 가져간 걸까?", "보따리 한 개를 놓고 간 걸 보면 쓸만한 걸로만 골라간 것 같다."라는 등 추측이 난무했다. 나는 노인회장과 대책을 논의하기 시작했다. 우선 CCTV를 확인해 보고, 경찰에 신고하여 누가 가져갔는지 찾아보자고 했더니, 한 분이 "어차피 잃어버린 건데 찾을 수 있겠나? 누군가 필요한 사람이 가져갔을 텐데 그냥 잘 쓰라고 생각하자."라고 했고, 다른 분들도 그러자고 하여 더 이상 문제 삼지 않기로 했다.

난 참 난감했다. 대부분 좋은 이불이었고 당장 사용할 이불을 잃어버렸으니 황당할 법도 한데 그냥 쿨하게 잊기로 한다는데 미안하고 죄송스러웠다. 노인회장은 난처해하는 나에게 "너무 맘 쓰지 마세요. 별일이 다 있죠?"라며 위로해 주었다. 일하다 보니 이런 일도 겪는다고 생각하며 씁쓸한 하루를 보냈다.

꼭 그런 일만 있는 것도 아니다. 어느 추운 겨울날 사무실로 전화 한 통이 걸려 왔다. 수돗물이 며칠째 나오지 않아 빨래를 못 하고 있다며 긴급하게 세탁을 요청하는 전화였다. 나는 그 집의 사정을 알기에 내일 당장 지원해 드리겠다고 시원하게 대답해 드렸다. 사실은 내일 세탁 일정이 취소되어 다른 곳을 물색하던 중이라 속으로는 '아주 잘 되었다.'라고 생각하며 즉각 반응을 보였던 것이었다.

그분이 요청하는 대로 다음날 11시경 세탁차에 물을 가득 싣고 천호산 등산로 입구로 달려갔다. 전화로는 세탁기 4대 정도면 충분하다고 해서 세탁차에 담긴 물로도 가능할 것이라 예상했지만, 세탁물이 엄청 많았다. 보자기와 포대 자루에는 이불도 있고 의류, 속옷까지 다양했는데 냄새가 아주 고약하게 많이 났다. 할 수 없이 세탁차를 사무실 근처로 옮기고 추가 급수를 해가며 세탁할 수밖에 없었다. 순간온수기로 데운 40℃의 물에 세제, 베이킹소다, 표백제를 듬뿍 넣어 깨끗하게 세탁해 드렸다.

김00 님은 낡은 집 두 채에 장애인 동생 등과 거주하고 있는 분이다.

시청이나 동사무소에 찾아가 필요한 부분을 수시로 요청하고 지원이 원만하게 해결되지 않으면 소리를 버럭버럭 질러대는 바람에 공무원 대부분은 그 사람을 알고 있고 약간 극성스럽고, 밉상이기도 한 아주머니이다. 그곳은 수돗물이 설치되지 않아 산에서 흐르는 물을 받아 세탁을 해왔는데 겨울 가뭄이 워낙 심해 물이 나오지 않는다는 것이었다.

　세탁차에 이불을 싣고 배달해 드리자, 아주머니는 이불 보따리를 줄지어 배열해 놓고는 이건 김OO 79세, 이건 김OO 70세, 저것은 김OO 67세라며 세 명의 이름을 불러주었다. 그리고 가는 줄 알았더니 갑자기 "선생님." 그러는 게 아닌가. 뒤돌아 쳐다보니 3남매가 일렬횡대로 서 있었고 내가 돌아보자 79세이신 김OO 아주머니가 "차렷, 인사."라고 구령을 부치면서 세 명이 90도 각도로 고개를 숙이며 "고맙습니다."라고 인사하는 게 아닌가. 깜짝 놀라 "왜 그러세요?"라고 물었더니 아주머니는 "추운 겨울날 이렇게까지 좋은 일 하시는데 그냥 가는 게 도리가 아닌 것 같아 정식으로 인사드리려고 했다."라고 하는 게 아닌가. 미안하고 고맙고 감사했다. 돌아오면서 그 아주머니의 행동이 마치 조폭처럼 보이기도 했고 천진난만한 개구쟁이 같은 미소가 생각나 씩 웃음이 나왔다. 저런 분들이 진심으로 고마워하고 있다는 걸 느끼기에 내가 하는 일이 보람으로 다가온 하루였다.

| 어버이날 선물

오늘은 어버이날이다. 나는 자원봉사자들과 평소처럼 세탁 봉사를 나갔다. 이 마을은 경로당 앞 도롯가에 주차해야 했고, 차량의 왕래가 잦은 도로를 가로질러 길게 급수 라인을 늘어뜨려야 하는 곳이라 항상 불안하고 조심스러운 곳이다. 이곳에 나올 때는 봉사자들에게 주의도 주지만, 할머니들이 행여 다칠까 교통통제도 병행한다.

우리가 현장에 도착하자, 세탁할 이불 보자기와 카펫 등이 길게 놓여 있었다. 할머니들이 우르르 몰려나와 자신의 이불을 알려준 뒤 경로당 안으로 들어갔고 우리는 이불 빨래를 시작했다. 오전 11시쯤 되었을까 한 할머니가 우리 곁에 오더니 "오늘은 내가 자장면 사줄까?"라고 하기에 나는 "회사에서 사주니까 안 사주셔도 돼요."라며 사양했다. 그랬더니 할머니는 그냥 경로당 안으로 들어가셨다.

점심시간이 다가왔다. 세탁을 마치고 점심을 먹기에는 너무 늦을 것 같고, 세탁차를 비운 채 다 같이 점심을 먹기는 부담스러워 나는 자원봉사자 두 명에게 근처에 있는 중국음식점에서 먼저 먹고 오라고 했다. 한참 뒤 식사를 마치고 온 자원봉사자가 "선생님, 경로당에 계시던 할머니 세 분이 중국음식점에서 점심을 드시고 있던데요"라고 귀띔해 주었다.

나는 뒤늦게 식당에 들어가 볶음밥을 주문했고, 몇 숟가락 뜨다가 문득 생각했다. 할머니들이 먼저 나가다가 점심값을 낼 수도 있겠다는 생각에 계산대로 달려갔다. "저쪽에 식사하시는 할머니 세 분의 밥값을 계산하려고 하는데 얼마예요?"라고 물었더니 "네 2만 9천 원이네요."라고 대답했다. 나도 모르게 "예?"라고 되물었더니 주인은 "우동 2개, 탕수육 1개 총 2만 9천 원입니다."라고 했다. 나는 점심값을 모두 계산하고 밥을 다 먹고 나올 때까지 할머니들은 자리를 뜨지 않았다.

나는 식당을 나오면서 할머니들에게 다가가 말했다. "어르신, 오늘은 어버이날이잖아요. 그래서 우리 어머니 생각도 나고 해서 점심값은 제가 냈어요. 그러니 맛있게 드세요."라고 인사하자, 할머니들은 "왜 그랬느냐?"며 안절부절못했고 한 할머니는 탕수육을 찍어 내 입에 넣어 주셨다. 그런데 이00 할머니가 "아니, 오늘 점심은 내가 사기로 했는데 어떡해?"라고 하시기에 난 "그럼 다음에 다시 사세요."라고 말했다.

그렇게 식당을 나와 한참 봉사활동이 이어지고 있는데 이00 할머니가 세탁차로 다가오셨다. 그분의 이불은 우리가 집에 배달해 널어드렸기 때문에 무슨 일이냐고 물었더니 "이불 세탁을 해서 집에 널어준 것도 고마운데 점심값을 내준 것이 고마워 인사하러 왔지."라며 내 손을 잡고 몇 차례 흔들었다.

"그런데 오늘 왜 할머니가 점심을 사기로 했어요?"

라고 물었다. 나는 그분을 조금은 알고 있기에 왜 점심을 사기로 했는지 궁금했다. 그분은 생활 형편이 넉넉지 못한 분이었고, 옆에 계시던 할머니들은 제법 부자 할머니들이었기에 더욱 궁금했다. 그러자 할머니는 대답했다.

"내가 이번에 40만 원을 받았거든. 할머니들이 부러워하길래 점심을 사겠다고 했지!"라는 것이다. 할머니는 정부에서 코로나 긴급재난지원금을 받은 것이었다. 이00 할머니는 건강보험료 기준, 취약계층이라 다른 사람들보다 먼저 받은 것이었다. 그 이야기를 들으니 '그렇다고 탕수육까지 얻어먹다니….' 조금 씁쓸했다.

그분은 얼마 전까지 그 중국음식점을 운영하던 사장의 어머니다. 사장인 아들은 중국인 부인과 부인의 친척들이 함께 식당을 운영하다가 수원으로 이사하면서 할머니 한 분만 이 동네에 남겨놓고 가버렸다. 할머니가 거주하는 집은 헛간이나 다름없는 낡은 슬레이트집의 방 한 칸 월세방인데 보일러도 들어오지 않고 집안도 엉망이라 사회복지단체에서 보일러도 놔주고 도배장판도 새로 꾸려준 적이 있었다. 점심을 얻어먹은 할머니들은 그 집 주인과 이웃집 할머니였다.

들리는 이야기로는 아들의 돌봄이 없는 상태에서 기초노령연금으로 살고 있다고 했다. 기관에서는 기초생활수급자 등록을 준비 중인 것으로 알고 있는 분이라 안쓰럽기까지 했다. 내가 "그렇다고 형편이 어려운데 점심을 사셨어요?"라고 묻자, 할머니는 "내가 못산다고 은근히 텃세를 부리거든. 그래서 혹시 나아질까 봐 밥 한 끼 사려고 한 건데 선생님이 돈을 내주셨지." "고마워요."라고 넙죽 인사했다. 그 후 할머니와 손을 흔들며 인사할 정도로 매우 친해졌다.

빨봉 사람들

　오늘 봉사활동에는 자원봉사자 선생님이 신규봉사자 한 분을 데려왔다. 처음이지만, 가정주부라서 그런지 이불을 정리하거나 개인의 이불이 뒤섞이지 않도록 이름표를 적어 정렬하는 손놀림이 예사롭지 않았다. 한참 세탁물을 정리하고 첫 번째 세탁기를 돌리기 시작했다. 이제부터 우리들의 티타임이 시작된다. 나는 즉시 호구조사에 들어갔다. "그냥 가정주부는 아닌 것 같고 뭐 하시는 분이세요?"라고 물었다. 그 분은 옆 친구를 바라보며 약간 망설이는 듯하더니 "어린이집 해요."라고 짧게 말했다. 나는 또 궁금해서 물었다. "어린이집을 하시는 분이 지금, 이 시간에 어떻게 봉사활동을 나왔나요?. 바쁘지 않나요?"라고 했더니 다른 선생님 한 분을 대신 모셔놓고 왔다고 했다.
　나는 그분의 말씀을 이해하지 못했다. 어린이집에 선생님들이 있고 원생들이 꽉 차 있는데 다른 선생님에게 잠시 맡기고 어떻게 봉사활동을 나올 수 있을까, 아무리 머리를 짜내도 내 상식으로는 쉽게 와 닿지 않았다. 고개를 갸우뚱하면서 그냥 그 열정에 박수를 보냈다. 혜정2 샘이 몇 시간 봉사를 마친 뒤 돌아가면서 던지는 한마디가 해답처럼 들렸다. 어린이집도 학부모와 선생님들 그리고 아이들로 인한 스트레스가 장난이 아니란다. 오늘처럼 일상을 벗어나 봉사활동을 하다 보면 만나는 사람마다 고마워하고 따뜻한 눈빛을 나누는 것으로 내 마음이 평온해지고 후련해진다고 했다. 나이 든 할머니들에게 뭔가 도움을 주었다는 뿌듯함을 느끼는 순간 내 마음속에 있던 스트레스가 말끔하게 해소된다고 했다. 봉사활동은 남을 위한 것이라고 하지만, 나 자신을 위해서도 좋은 것이다.

나는 이불 세탁 봉사를 다니면서 자원봉사자 두 명과 늘 함께한다. 그래서 20여 명의 이동 세탁봉사단을 구성해 놓고 매달 조 편성을 한다. 봉사를 처음 시작할 때부터 함께 해왔던 연순 샘이 생각난다. 그분은 딸 두 명을 낳았는데 아들 낳기를 기대하는 시댁이나 남편 때문에 셋째를 갖기로 했단다. 드디어 셋째를 임신하고 몇 달이 지난 뒤 '아들'이라는 통보받았다고 했다. 그토록 기다리던 아들을 낳았으니 집안은 늘 축제 분위기였고, 들떠있는 분위기였다고 했다. 그런데 해를 거듭할수록 뭔가 이상하다는 생각이 들었고 성장이 더딘 것 같아 병원에 갔더니 뇌 병변이더란다. 그때부터 인생이 달라지기 시작했다고 하는데 그분의 말 한마디 한마디에 가슴이 미어져 옴을 느꼈다.

장애아이 뒷바라지도 고생스럽지만, 무엇보다 주위의 시선이 가장 고통스러웠다고 한다. 나이가 한 살씩 늘고, 몸집이 커지면서 체격이 작은 엄마의 처지에서 체력의 한계를 느끼기도 했고, 집안에서 온종일 씨름해야 하는 생활은 자신을 몹시 지치게 했다고 한다. 거의 성인이 되어갈 무렵 장애인 주간보호센터에 보내기 시작하면서 봉사활동을 시작했다고 했다.

나는 그 이야기를 듣는 동안 숨을 쉴 수 없을 지경이었다. 아마도 숨을 멈추고 있었는지도 모른다. 그분이 살아온 과정이 파노라마처럼 머릿속을 스쳐 지나갔다. 그녀의 얼굴에 안 보이던 근심과 주름이 보이기 시작했다. 나는 위로한답시고 "몸과 마음이 그렇게 힘든데 집에서 좀 쉬어야 할 시간에 봉사를 나왔다는 게 이해가 되지 않는다."라고 했더니 연한 미소를 띠며 한마디 던진다.

"그냥 밖에 나와 사람들과 부딪치는 게 훨씬 더 힐링돼요."

그런데 세상은 참 야속하다 못해 원망스럽다. 매달 꼬박꼬박 봉사활동을 하던 그분이 간혹 빠지는 날이 잦아지기 시작했다. 집안에 무슨 일이 있으려니 생각하다가 짝꿍 미나 샘에게 이유를 물었다. 미나 샘은 대답할까 말까 망설이다가 조심스럽게 말을 꺼냈다. "사실은 얼마 전 건강검진을 받았는데 좀 이상한 게 보여서 조직검사를 했고, 검사 결과 암 판정을 받았다."는 것이다. 그리고 항암치료를 시작했다고 말했다. 그 여린 몸에 몹쓸 암 덩어리가 달라붙어 힘겨운 싸움을 벌이고 있다는 것이다. 힘겹게 살아온 그녀에게, 그렇게 하느님을 믿으며 간절하게 기도했던 그 신자에게 왜 그렇게 가혹한지 원망스러웠다. 당장 뵐 수는 없지만, 마음을 담아 이겨내길 빈다.

자원봉사(自願奉仕)는 사회 또는 공공의 이익을 위한 일을 자기 의지로 하는 것을 말한다. 나도 평소 봉사활동을 접하는 사람이다. 군대 생활하는 동안에도 간혹 저소득계층의 집수리를 해주는 참사랑봉사단 활동을 했었다. 매월 회비를 모으고, 매년 한두 번씩 점심 나누기 행사나 일일 찻집을 열어 자금 마련 활동도 했었다. 다 쓰러져가는 집을 보수하고, 미장과 도배, 전등 교체, 화장실과 부엌에 타일을 새로 바꾸고

나면 새집이 되었다. 공사가 끝난 다음 주인과 봉사자들이 사진 한 장 찍으며 마무리를 지을 때 보람을 느끼곤 했었다.

매월 셋째 주 토요일에는 집게와 쓰레기봉투를 들고 등산로 입구에 모인다. 우리 지역 시민들이 즐겨 찾고 주말이면 외부 등산객들이 몰리는 계룡산 국사봉 등산로를 걸으며 쓰레기를 줍는 산림보호협의회 활동이다. 등산로 주변에 널브러진 플라스틱병이나 휴지를 줍는 단순한 일이지만, 산에서 만나는 등산객들이 건네는 인사가 나를 힐링시켜준다.

"좋은 일 하시네요."

등산로 청결 활동은 운동도 하고, 좋은 일도 하는 일거양득의 봉사활동이다. 우리가 등산로 청결 활동을 시작한 지 20년이 지나면서 등산로가 많이 깨끗해졌다. 우리를 본 등산객들이 쓰레기를 버리지 않는 것 같아 보람을 느낀다.

내가 군을 전역하면서 가장 먼저 시작한 것도 자원봉사센터의 문을 두드린 것이다. 봉사활동에 대한 개념부터 알기 위해 자원봉사센터를 찾아 소양 교육을 받았고, 처음으로 투입된 곳이 프란체스코 교황 대전 지역 방문 시 주차 안내를 맡았던 일이다. 그 후 세종시청이나 계룡시청에서 주관하는 각종 행사에 자원봉사자로 활동하기 시작했던 것 같다. 그러다 취약계층을 위한 이동 세탁 업무를 담당하게 되었는지 모른다.

봉사활동은 한번 접했던 사람이 계속하는 것 같다. 군인들은 근무지가 자주 바뀌는 직업이다. 남편이 다른 지역에 근무할 때 봉사활동을 했던 사람들이 이곳으로 이사를 오면서 자원봉사센터를 찾는 것만 봐도 그렇고, 이곳에 봉사하던 사람이 다른 행사장에서 보이는 것도 그런 이유인 것 같다. 이곳에서 봉사활동을 하다 남편이 근무지를 옮기면서 그만뒀던 사람들이 몇 년 뒤 다시 봉사활동에 참여하는 걸 보면 알 수 있다.

혜정 샘은 24시간씩 맞교대 일을 하는 사람이었다. 그런데 봉사활동을 하겠다고 신청했기에 난 또 물었다. "밤새 근무하고 퇴근하면서 봉사활동을 나오는 게 가능하냐?"고 했더니, "아침에 근무 교대한 뒤 집안일을 대충 해놓고 나왔다."라고 하면서 "이따 봉사활동 끝나고 집에 가서 좀 쉬면 되죠. 뭐."라고 하는데 그분의 얼굴을 보니 피곤한 기색이 역력했다.

"내가 좋아서 하는 일은 괜찮아요."

말하는 그녀가 측은하기도 했고 미안하기도 했지만, 참 어른스러워 보였다. 언젠가는 우리 딸과 비슷한 또래의 젊은 진희 샘이 봉사활동에 나왔다. 젊은 30대 봉사자가 나오자 봉사단이 활기차 보였고 사오십 대 주부들 속에 삼십 대 한 분의 등장은 꽤 위력 있어 보였다. 젊은 사람에게 다가가 말도 걸어보고 먹을 것도 챙겨 주는 모습이 참 아름답기도 했고 모두가 몇 살씩 더 젊어지기라도 한 듯 반기는 눈치였다. 그 사람이 자기소개를 하면서 또 입을 다물지 못했다.

"아이는 세 명이고, 지금 어린이집에 갔다."

아이들이 어린이집에 가 있는 시간에 봉사활동을 나왔다는 소리에 또 한 번 놀라지 않을 수 없었다. 그냥 존경스러웠다.

이 지역에 살면서 초창기부터 봉사활동을 했던 승희 샘이 대전으로 이사 간 뒤에도 매달 봉사활동을 나왔다. 내 차를 가지고 먼 곳까지 봉사활동을 나온다는 것도 결코 쉬운 일은 아닐 것이다. 그분 말처럼 옛 친구들을 만나는 것도 좋고, 한 달에 한 번이니 부담되지 않는다고 했지만, 난 늘 고마웠다. 그런데 그분이 언젠가 하소연하는 소리를 들었다. 이유인즉, 그날도 봉사 시간에 맞추느라 시간이 촉박해 유턴해야 할 장소보다 일찍 유턴하다 경찰에 적발돼 5만 원 벌금과 벌점 30점을 받았다고 했다. 내가 미안해하자

"뭘요. 그건 내가 잘못한 일인데 어쩌겠어요?"

라고 대답하는데 정말 몸 둘 바를 몰랐다. 처음부터 우리와 봉사활동을 함께 했던 혜남 샘도 멀리 옥천으로 이사 간 뒤에도 몇 차례 봉사활동을 다니곤 했었다. 내 차를 운전해서 멀리까지 참여한다는 것은 쉬운 일이 아닌 걸 알기에 늘 고맙고 감사했다.

언젠가 또 봉사자 한 분이 "이분은 변호사 사무실에서 일하는 사람인데 제가 데려왔어요."라고 소개했다. 나는 놀라면서 "근무 시간에 어떻게 나오셨어요?"라고 묻자, 자신은 일주일에 이틀만 출근하는데 오늘은 쉬는 날이라고 했다. 나중에 알고 보니 우리 지역에서 활동하는 변호사의 아내였다. 그분은 "주변의 친구들이 자원봉사를 하는 게 너무 부러워 친구 따라 나왔다."라고 했다. 은영2 샘도 몇 년째 빠짐없이 참석하는 걸 보면 자원봉사에 푹 빠진 모습이다. 나는 귀한 시간을 쪼개 봉사활동에 참여하는 자원봉사자들에게 물질적으로 보답할 수는 없지만, 어떻게 보람을 느끼고 자긍심을 심어줄 수 있을까 늘 고민했었다.

오늘 봉사활동에도 자원봉사자 두 명이 나왔다. 은영1 샘은 포도 농사를 짓는 사람인데 요즘 순자르기와 포도알 따기를 해주는 적기라고 했다. 나도 농사를 지어 봤지만, 농사일이든, 과수 농사든 제때 해주지 않으면 안 되는 적기(適期)라는 게 있다. 요즘 땡볕에서 일해 그런지 얼굴은 검게 타 있었고 피곤한 기색이 역력했다. 오늘은 비가 예보되고 구름이 많이 낀 날씨라 들에서 일하기 좋은 날씨였다.

"오늘 같은 날이 일하기 딱 좋은 날인데, 여기 와 있으니 마음이 편치 않네!"

그분이 하늘을 보며 말하는데 미안한 생각이 들었다. 밭에 할 일이 쌓여 있어 몸달아 있다는 걸 알 수 있었다. 그래서 난 "봉사가 아무리 중요하지만 내 본업이 더 중요하니, 지금이라도 가서 일하는 게 좋겠다"라고 권해드렸지만, "그럴 수 있나요. 차라리 비라도 내리면 마음만은 편할 텐데…."라고 하는데, 내 마음도 편치 않았다. 결국 점심을 먹고 나와 동행한 봉사자의 권유에 따라 먼저 자리를 떴다.
혼자남은 재선 샘과 잠시 이야기를 나눴다. 요즘 오십견이 생겨 오른쪽 팔을 전혀 사용하지 못했다고 했다. 어제 남편으로부터 "오늘은 절대 나가지 말고 집에서 쉬라."는 소리를 들었는데 이미 약속한 일이고 그냥 왼손으로라도 거들어야겠다는 생각에 또 나왔다고 했다. 그 말을 듣는 나는 또 미안했다.

2014년 12월 이동 세탁을 시작할 때 처음으로 이동 세탁봉사단을 구성해 준 성숙 샘, 또한 창단 멤버이고 오랫동안 봉사단 회장을 맡으면서 봉사자가 빈 날이나 갑자기 펑크내는 날 땜빵을 도맡아 해주는 터줏

대감 미나 단장이 있어 봉사단은 잘 돌아간다. 늘 티격태격하면서도 봉사단을 이끄는 고마운 사람이다. 9년째 봉사활동에 빠지지 않고 급할 때 부탁하면 만사 제쳐놓고 달려 나오는 선생님들이 우리 빨봉의 핵심인 사람들이다.

빨봉은 보통 대여섯 시간씩 함께 일하기 때문에 낯선 사람이나 마음이 맞지 않는 사람, 말이 통하지 않는 사람과 함께 있는 것이 불편할 수 있다. 그래서 짝꿍을 정해 둘이 참여했다. 그 사람들은 무슨 할 이야기가 그렇게 많은지 시작부터 끝까지 쉴 새 없이 말이 이어진다. 여자들의 수다는 끝이 없을 것처럼 보였다. 짝꿍도 서로 다른 듯 보이지만 어딘지 모르게 어울리는 모습이 눈에 띈다.

서로 어울리지 않을 것 같은 미나와 말이 적은 은애 그리고 미나와 매사 적극적이고 열정적인 윤숙, 소곤소곤 말이 끊이지 않는 혜남과 부춘, 멋쟁이에다 엣지있는 승희와 정은, 밝고 해맑은 은영1과 연미, 서로 어울릴 것 같지 않은데도 친한 승연과 지영 그리고 있는 듯 없는 듯 소리 없이 봉사에 진심이고 일하는 시간을 조정하면서까지 참여했던 지영과 현화, 착하고 순하면서도 골 곧은 은영2와 수희 그리고 깍쟁이 같으면서도 영리한 영란, 얼굴에 '군인가족'이라고 쓰인 것 같은 경숙과 윤선 그리고 설희 샘이 있었다.

늦게 만났지만 잘 어울리는 미경2와 문숙, 조용하게 내조할 것 같은 영숙과 미경1, 케미가 너무도 잘 맞는 종숙과 혜남, 내가 좋아한다며 단팥빵과 커피를 사오고 골프를 너무 잘 즐기는 윤주와 금량, 마음이 넓고 푸근한 은의와 정희2, 한없이 바쁘게 살고 있는 순자와 보경 샘이 그렇다. 개인의 시간을 쪼개 자유롭게 참여했던 맏언니 영화, 언제라도 달려온다는 은주, 봉사단 분위기 메이커 석형, 세 아이의 엄마 진희, 마음 따뜻한 경남, 즐겁게 사는 선미, 재주가 많은 순옥, 자신은 몸이 아프면서도 꾸준히 봉사하는 은경2, 늘 기운없어 보이면서도 열심히 하던 장군의 아내 경자 샘도 고마웠다.

그리고 처음 봉사를 시작할 때 참여하다 이사가면서 헤어진 성숙, 현정, 민경, 연순, 민정, 영미, 희경, 영주, 소연, 민희, 정희샘도 생각난다.

즐거운 마음으로 자원봉사를 나오셨던 맹자, 정숙1, 희정, 재선, 미자, 정순2, 동순, 지윤, 혜정1, 혜정2, 은경1, 순이샘 그리고 유일한 남자 희두 샘 모두 감사했다.

"봉사를 나오면 행복하다."

라고 그들은 말했다. 그도 그럴 것이 시골 할머니들은 봉사자들에게 '아가씨' 또는 '새댁'이라고 부른다. 봉사자들은 쑥스러워 고개 숙인 채 웃고 있지만, 그 소리를 듣는 순간 행복해한다. 사십 대 중반이나 오십 대 주부가 '새댁' 소리를 들을 수 있는 곳은 여기밖에 없다. 팔구십 할머니들이 보기에는 새댁이나 다름없고 젊음을 얼마나 부러워하는지 스스로 깨닫기에 행복감을 느끼는 것이다. 그리고 무엇보다 할머니들을 보면 점점 나이 들어가는 친정엄마가 떠오르기 마련이다. 그래서 더 좋은지 모른다. 돈으로는 살 수 없는 소소한 행복을 오늘, 여기서 느끼는 것이다.

우리 이동세탁봉사단은 지난 9년간 꾸준히 활동한 결과 계룡시는 물론 충청남도에 알려지기 시작했고, 전국에 소개되는 바람에 2023년 11월 한국사회복지협의회 주관 「전국사회복지나눔」 유공자 시상식에서 보건복지부장관 표창을 수상했다. 자원봉사를 하는 그들은 우리 사회의 영웅이다.

계룡시사회복지협의회 이정기 회장과 여은영 사무국장의 도움이 컸다. 모두 모두 감사드린다.

그 마음 참 아름답다

 봄이 되면 얼어붙었던 땅이 조금씩 녹아내리고 움츠렸던 어깨도 펴지기 시작한다. 몸에 걸친 겉옷이 무겁다 느낄 때가 되면 봄이 시작되는 계절이다. 학생들은 어느새 짧은 치마로 갈아입고 길거리를 지나는 여인들의 발목은 훤히 드러난 지 오래지만, 할머니들의 웃옷은 아직 묵직한 스웨터에 겨울 패딩이다. 할머니에게 봄은 가장 늦게 찾아온다. 젊은 사람들은 계절보다 한 주기 빠르게 옷을 갈아입지만, 할머니들은 한 계절 늦게 탈바꿈한다. 할머니의 두꺼운 옷가지가 가벼워질 무렵 이불 빨래가 시작되니 젊은이들에게는 이미 여름으로 접어들었다.
 주부들은 추운 겨울에 덮었던 이불을 깨끗하게 세탁한 뒤 햇볕에 완전히 건조해 장롱 속에 넣어두는 게 봄맞이 행사 중의 하나이다. 그래서 계절이 바뀔 때마다 철에 맞는 이불로 바꿔주고 창문을 활짝 열어 대청소하는 것도 주부들의 일과 중 하나였다. 그래서 그런지 요즘 봉사활동을 나가보면 세탁물이 수북하게 쌓인다. 오늘도 경로당 앞에 도착

하자 땅바닥에 일렬로 줄지어 놓인 이불 보따리를 비롯해 손수레와 큰 외발 리어카에 가득 실린 이불 보따리를 보는 순간 봄이 왔음을 실감할 수 있었다.

할머니들이 줄지어 나를 기다리는 이 동네는 안 씨 집성촌 마을이다. 그래서 여러 명의 할머니가 모여있지만 하나같이 형님, 동생 아니면 사촌 형님, 동생이다. 간혹 옆 사람을 가리키며 우리 시누이라고 소개해 주는 사람들도 있었다. 그래서 다른 마을에 비해 세탁순서를 두고 서로 싸우거나 우기는 일이 거의 없다. 한 사람이 먼저 세탁해 달라고 하면 어느 한 사람이 내게 다가와 "그래요. 저 집은 오늘 병원에 가는 날이니 먼저 해줘도 돼요."라고 한다. 또 "저 집은 오늘 자식들이 점심 사준다고 했으니 빨리 해줘요."라고 양보하는 따뜻한 마을이다.

세탁기가 두세 바퀴 돌아갈 무렵 세탁차 옆에서 빨래가 나오기를 기다리던 한 할머니가 "나는 리어카에 싣고 가면 되는데 저분은 요즘 몸이 안 좋아서 빨랫줄에 널지도 못할 거야. 어떻게 배달해 주면 안 될까?"라고 말씀하셨다. 나는 할머니의 말씀이 끝나자마자 자원봉사자의 얼굴을 쳐다봤다.

"내가 가져다드릴게요."
"저분 것도 가져다드리고 할머니 것도 가져다드릴게요."

옆에 있던 봉사자는 할머니의 말을 들었는지, 말이 끝나기 무섭게 한 치의 망설임도 없이 흔쾌히 승낙했다. 순간, 그 할머니의 표정은 환해졌다. 그도 그럴 것이 그 할머니 연세도 여든넷이니 반가울 수밖에 없었을 것이다. 봉사자의 차량 트렁크와 뒷좌석에 세분의 이불 보따리와 손수레를 가득 싣고 할머니들까지 태우자, 하나같이 "아이고 오늘 호강하네."라고 좋아하셨다. 그날 두 차례에 걸쳐 산 너머 배나무골 할머니들의 이불을 모두 배달해 널어드렸다. 봉사자의 승용차에 오르는 할머니들의 표정은 너무도 해맑고 반가운 표정이었다. 그런 환한 모습을 어떻게 볼 수 있을까, 잘했다는 생각이 들었고 나 또한 기분이 좋았다.

나는 평소 할머니들이 손수레나 리어카에 이불 보따리를 싣고 사랑재나 배나무골에서 끌고 오는 걸 무심코 보아왔는데 은근히 미안한 생각이 들었다. 그리고 '저렇게 좋아하는 걸 보니 그동안 얼마나 힘드셨을까?' 하는 측은한 생각도 들었다. 이곳 유동리는 마을이 세 곳으로 나뉘어져 있다. 한고비 넘어 사랑재, 한고비 넘어 배나무골이 있고, 중간 버들골길에 경로당이 자리 잡고 있어 어르신들이 유모 자가용으로 산 너머 걸어 다닌다. 오늘처럼 이불 세탁을 하는 날에는 손수레나 리어카에 이불 보따리를 가득 싣고 산을 넘어 다니는 고통을 몰랐다. 어떤 때는 할머니들이 멀지 않은 곳은 직접 들고 다니게 한다. 그 이유는 할머니들도 많이 움직여야 하고 운동도 해야 한다고 생각했는데 이 마을은 노인들에게 있어 무리라는 생각이 들었다.

다음날 그 봉사자분에게서 전화가 왔다.

"다음에는 내가 이불을 수거하고 배달해 줄 테니 그 마을은 꼭 나를 편성해 줘요."

라고 말했다. "어제 봉사활동 갔을 때 뵈었던 할머니가 지난해에 비해 너무 쇠약해진 것 같아 마음이 아팠다. 핼쑥해진 할머니들을 보니 애처롭기 짝이 없었고 빨랫줄에 도저히 널 수도 없을 것 같았다."라며 이유를 설명했다. 자원봉사를 나오면서 자신의 승용차로 마을까지 와 준 것도 고마운데 할머니들의 이불을 직접 수거하고 배달해 준다는 것도 고맙고 감사한 일이 아닐 수 없었다. 그런 자원봉사자의 마음이 참 아름답다.

| 마음으로 다가가려 노력했다

오늘은 마을에 갔다가 한00 할머니를 만났다. 평소 이불 세탁도 하지만 푸드뱅크 물품을 전해주면서 만났던 독거노인이었고 나와는 비교적 친하게 지내는 편이다. 나를 보자마자 또 엄살을 부리기 시작했다.

"내가 아무래도 죽으려나 봐, 밥맛도 없고 목으로 넘어가질 않네!"

할머니는 연한 미소를 띠며 하소연하듯 말했다. 나는 대뜸 "봄이니까 그렇지. 그러니 고기도 사다 먹고 봄나물도 뜯어다 끓여 먹어봐요."라고 했다. 그러면서 "돈 아끼지 말고 먹고 싶은 거, 맛있는 거 사드세요. 돈 아껴 봐야 자식들이 고맙다고 안 할 테니 쓰면서 살아요."라고 한마디 던져주었다. 할머니는 내 어깨를 툭 치며 "혼자 무슨 맛으로~~."라며 피식 웃으신다. 나는 장돌뱅이처럼 마을을 돌아다니다 보니 할머니들과 친구처럼 지내기도 했던 것 같다. 어른들에게 존댓말도 하지만 반말투로 할 때가 많다. 직구 발언도 서슴지 않는데 내게 편하게 이야기하는 걸 보면 내 말에 섭섭함보다는, 더 친근함을 느끼는 모양이다.

얼마 전 시내 아파트에서 90세인 송00 할머니가 이불 세탁을 맡긴 뒤 세탁차 옆 의자에 앉았다. 햇볕은 따뜻한 봄이라지만, 아직 바람이 차게 느껴지는 이른 봄이라 할머니의 얇은 옷차림은 추워 보였고 안쓰럽게 보였다. 키가 작고 왜소한 데다 의자에 앉아 있다 보니 나는 쭈그린 상태로 할머니와 눈높이를 맞췄다. 그리고 "어르신, 세탁이 다 되면 연락드릴 테니 그때 나오세요", "그리고 아직은 바람이 차가우니 나오실 때 옷도 좀 더 따뜻하게 입고 나오세요."라고 일러주었다.

그렇지만, 할머니는 괜찮다며 일어날 생각을 하지 않았다. 그래서 할머니에게 말을 걸었다. "어떻게 이곳까지 이사를 오시게 되었느냐?"고 물었더니 할머니는 "나는 아들이 셋이고 딸이 하나 있는데 딸이 가까이 살자고 해 천안에서 이곳으로 이사 온 지 15년이 되었다."라고 했다. 딸은 옆 동에 살면서 일주일에 한두 번씩 찾아오는데 의지가 되어 좋다고 했다. 할머니는 평소 아픈 곳이 많아 병원에 다니는 이야기부터 아들 이야기, 손주 이야기를 한참 꺼내셨다. 차갑게 불어오는 바람도 할머니의 외로움을 밀어내지 못했다. 모처럼 말 상대자를 만난 것처럼 이곳으로 이사 와서 겪은 이야기를 늘어놓기 시작했다.

할머니는 체격이 작지만, 얼굴은 곱상하고 인자해 보였다. 낮은 목소리로 조곤조곤 말씀하시는데 정겹고 구수하게 들렸다. 옛날 우리 할머니를 보는 듯했다. 할머니는 한참 동안 이야기를 하시더니 내게 물었다. "부모님은 살아 계셔?"라고 묻기에 나는 "멀지 않은 고향에 혼자 생활하고 계셔서 주말이면 찾아뵙는다."라고 대답했다.

"엄마가 훌륭한 아들을 두셨네."
"나는 지나쳐도 잘 모르니 보게 되면 꼭 아는체 해요."

할머니는 내가 말 상대를 해준 게 고마웠던 모양이다. 그리고 노인의 눈높이에 맞게 쭈그려 앉은 채 한참 동안 이야기를 나눈 것을 좋게 본 것 같았다. 그게 인연이 되어 그 동네에 세탁을 갈 때마다 할머니에게 전화했고 그때마다 이불을 가져와 세탁했다. 그리고 이런저런 안부를 묻고 하소연도 들어주며 정겨운 대화를 나누는 친구가 되었었다.

나는 사회복지사로서 할머니들과 대화를 많이 하는 편이다. 그 이유는 연세가 많은 노인은 대부분 외로움에 시달리는 사람들이기 때문이다. 어느 집을 가봐도 거의 혼자 사는 사람들이다. 왜 혼자 사는 사람은 초라해 보일까? 남자나 여자, 젊거나 나이 든 사람이나 집안을 들여다보면 휑한 느낌이 든다. 이리저리 내팽개쳐진 살림살이도 그렇고 이곳저곳에 널브러진 옷가지들이나 어제 들었는지 모를 먼지들도 그렇지만 집안에도 냉기가 가득하다. 무엇보다 집안의 공기가 쾌쾌하다. 돈이 제법 있는 사람도 그렇고 돈이 없는 사람도 살아가는 방식은 거의 비슷하고 하나같이 군색한 모습이다.

홀로 사는 분들의 밥상을 보면 더욱 마음이 아려온다. 밥을 먹는 건지, 죽지 않기 위해 한 모금 넘기는 건지 가슴이 아파 더 볼 수가 없다. 원래 엄마들의 혼자 먹는 밥상은 늘 궁상맞지만, 내가 "할머니, 반찬이 이것밖에 없어요? 뭘 좀 해서 드시지?"라고 물으면

"아니야, 냉장고에 반찬은 있는데 먹지도 않을 걸 귀찮게 뭘 꺼내!"
"나 혼자 먹겠다고 뭘 만들겠어. 그냥 대충 먹는 거지."

라고 대충 얼버무린다. 노인들에게 있어 가장 가까운 친구는 오직 TV뿐이다. TV에서 흘러나오는 노랫소리가 나를 흥얼거리게 만들고 드라마에 나오는 사람들이 나를 웃게 만든다. 한참 철 지난 드라마를 보면서 혀를 차기도 하고 구시렁거리며 못마땅해하기도 한다. 그것도 큰 위로 중의 하나가 아닐 수 없다. TV에 나오는 배우를 보고 "저런 못된 게 다 있어?" "아이고 저 집 며느리 불쌍해 어쩌나?"라며 핀잔도 주고 꾸짖기도 한다. 그러니 할머니에게 유일한 친구일 수밖에 없는 것이다.

나는 그런 할머니들에게 늘 하는 말이 있다. "입맛은 없지만 억지로라도 먹어야 한다." "혼자 밥 먹기 싫으면 옆집 할머니랑 함께 먹으라." "할머니가 아프면 자식들이 더 마음 아파한다."라며 위로도 하고 잔소리도 하는 편이다. 그리고 할머니가 건강해야 자식들이 마음 편히 일할 수 있다고 해줄 때 눈빛이 조금 달라지는 걸 볼 수 있다. 역시 어머니들은 자식 걱정으로 가득하다.

마을에서 말발이 세 보이는 할머니가 내게 한마디 건넨다. "이렇게 시골 마을까지 찾아와 이불 빨래를 해줘서 정말 고마워요. 요즘 세상 참 좋아졌어. 그런데 공짜로 빨아도 되는 건지 몰라!"라며 미안해한다. 옛날 어르신들은 공짜로 이불 빨래를 해주는 것에 부담스러운 모양이다. 그럴 때 나는 해주는 말이 있다.

"할머니들은 찢어지는 가난을 겪으면서 우리가 이만큼 잘 사는 나라로 만들었잖아요. 그러니 절대로 그렇게 생각하지 마세요."라고 하면 "그건 그래, 젊은이가 알아주니 다행이네!"라고 대답하며 흐뭇한 미소를 지으신다. 할머니의 어깨에 힘이 들어가는 게 보인다. "그때는 누구나 배곯고 고생하지 않은 사람이 없어."라며 긴 한숨을 내쉬지만, 가슴은 후련해지는 것처럼 보였다. 할머니들에게 그렇게라도 용기를 심어주고 영차, 영차 해주고 싶었다.

내가 만나는 할머니들은 팔구십 대 노인들인 만큼 아픔을 호소하는 사람들이 많다. 자식들에게 아프다고 말하면 속상해할까 봐 아무렇지 않다고 큰소리치지만, 왜 다른 사람에게는 하소연하는지 모를 일이다. 나도 그렇지만 생활지원사, 면사무소 직원, 복지관 선생님들을 만나면 이곳저곳 아프다고 난리다. 무릎이 아파서 수술했는데 걷지를 못하겠다. 허리가 굽으니까 조금만 걸어도 숨차 죽겠다. 어깨는 왜 그렇게 아픈지 약을 먹어도 소용이 없다. 왜 그렇게 깜빡이는지 치매는 걸리지 말아야 할 텐데 걱정이다. 온몸 구석구석 안 아픈 곳이 없다고 푸념이다.

"연세가 있으셔서 그래요. 몸을 오래 쓰셨으니 아플 수밖에 없죠."
"병원에서 물리치료도 받고 약을 먹으면서 견딜 수밖에 없어요."

라고 일러준다. 그럴 때는 꼭 하는 말이 있다.

"빨리 죽기나 했으면 좋겠어."
"잠자다 그냥 얌전히 떠나면 원이 없겠어."
"왜 이렇게 오래 사는지 지긋지긋해."

라고 하신다. 나는 또 핀잔을 준다. "얼굴 보니까 아직 멀었어요. 내가 가고 싶다고 가지나요? 오라고 할 때 가야지 아무 때나 받아 주는 게 아니래요."라고 하면, 모든 할머니가 웃으며 받아넘긴다. 죽고 싶다는 노인들의 말에는 더 살고 싶다는 뜻이 담겨있다는 말이 맞는 것 같다.

나이 든 할머니들도 이 좋은 세상을 아프지 않으면서 더 오래 살고 싶은 모양이다. 내가 할머니들에게 이렇게 농담을 건네는 데는 다 이유가 있다. 말을 걸어주는 것이고, 위로해 주는 것이며, 용기를 심어주고자 하는 것이다. 그리고 나는 단순히 이불 빨래만 해준다고 생각하지 않았다. 외롭고, 아프고, 우울할 수밖에 없는 현실을 알기에 항상 마음으로 다가가려 노력했다.

어느 사회복지사가 전하는
빨봉 이야기

제4부
고마워유

구슬도 꿰어야 보배

나는 군에서 전역하자마자 취약계층의 이불 빨래를 해주는 사회복지사로 일했다. 장애가 있거나 연세가 많은 독거노인을 상대하는 것이니 남들이 부러워하는 일은 아니었다. 지저분하고 고약한 냄새가 진동하는 이불을 만져야 하고, 독한 세제를 다루어야 하며, 항시 운행할 수 있도록 세탁차를 관리해야 했다. 겨울에는 세탁차의 구석구석에 남아 있는 물이 꽁꽁 얼어 그야말로 물과 치열한 싸움을 벌였다. 그렇지만, 그 안에서 다양한 할머니들의 모습을 볼 수 있었고 젊은 사람들에게서 느낄 수 없는 따뜻한 정을 나누고 배울 수 있었다.

그날그날 봉사활동 하면서 느낀 점이나 할머니들이 던지는 한마디 가운데 기억할 만한 것을 일기장에 써 놓았다. 할머니들이나 자원봉사자들과 겪는 애환이나 스트레스도 빼놓지 않았다. 그리고 다음 날 다시 읽으면서 어제를 되돌아보고 내일을 맞이했던 것 같다.

2020년 10월 SNS를 보다가 우연히 '인생 3모작 우수사례 공모전' 광고를 보게 되었다. 고용노동부 산하 노사발전재단 중장년 내일센터에서 퇴직자들이 새로운 일자리를 찾아 정착한 사례를 공모하는 것 같았다. 30년 넘게 직업군인이었던 사람이 전혀 새로운 사회복지사의 길을 걷는 콘셉트도 맞을 것 같고, 재취업 과정과 새로운 일에 도전하면서 느끼는 애환이나 노인들의 이불 빨래를 해주는 보람도 맞아떨어질 것 같았다.

"그래, 도전해 보는 거야!"

공고문의 내용과 지난 공모전 소식을 꼼꼼하게 읽었다. 그런데 중장년 내일센터에서 진행한 취업 연계 교육 이수자들의 우수사례 공모전이 올해는 미이수자들도 참여할 수 있도록 기회를 준 것이었다. 나는 다행이란 생각이 들어 준비 작업에 들어갔다. 자격증 취득 및 재취업 준비 과정 그리고 취업 후 사회복지사로서 이불 빨래를 해주며 느낀 보람, 신춘문예 당선 및 수필집 출간 등 군인에서 글 쓰는 사회복지사로 변신한 뒤 과정을 엮어 공모전에 참여했다.

11월 2일 결과가 발표되었다. 개인 10명과 기업 6곳이 선정되었는데 장려상에 내 이름 석 자가 뚜렷하게 들어있었다. 나는 이번 공모전의 의미가 다르고, 전국적으로 실시한 공모전에서 내 글이 채택되었다는 그것만으로도 뛸 듯 기뻤다.

며칠이 지나자 전화가 걸려 왔다. 시상식은 언제 할 예정인데 참석할 수 있는지, 동반하는 사람은 몇 명인지, 교통편은 무엇을 이용할지 물었다. 또 며칠이 지나자 사례집을 만들기 위해 사진 촬영을 오겠다고 하고 서면 인터뷰를 요청해 오기도 했다. 시상식 일정이 다가오자 행사장에서 띄울 사진을 보내라고 했고, 세부적인 행사시간표와 참석자를 재차 확인하는 메일이 왔다. 비록 장려상을 받는 것이지만, 역시 수준 있는 공모전은 다르다고 생각했다.

나는 추억거리 만드는 걸 좋아한다. 모처럼 서울로 올라가 낯선 시상식장에 서보는 것도 경험이고, 또 다른 사회를 접해보는 것만으로도 설렘이었다. 11월 23일 서울에서 우수사례집을 만들기 위한 사진 촬영팀이 내려왔다. 이동세탁 현장에서 세탁물을 꺼내고 넣는 봉사활동 사진과 프로필 사진 몇 컷을 촬영했다. 그리고 일하면서 느끼는 애환이나 보람 등 인터뷰가 진행되었다. 그러나 아쉽게도 11월 24일 예정이던 시상식은 코로나 2단계 격상으로 취소되었고, 상장과 부상이 집으로 배달되었다. 시상식 때 쓰려고 제작했던 영상물도 메일로 보내왔다. 몹시 허탈하고 섭섭했다.

그런 일이 있고 나서 12월 17일 서울 02 전화가 요란스럽게 울려대기 시작했다. 스팸 전화일까 망설이다 전화를 받았더니 "류두희 선생님 맞으시죠? 여기는 노사발전재단입니다."라고 말하는 것이었다. 이유인즉, 수상작으로 MBC 라디오 캠페인 작업을 하는데 어렵더라도 꼭 출연해 달라는 것이었다. 나는 거절할 이유가 없었다. 평소 라디오를 많이 듣는 사람으로서 꿈만 같았고 이런 기회가 나에게 온 사실에 흥분되기도 했다.

2021년 1월 5일 아내와 서울 마포구 상암동 MBC 방송국을 찾았다. 작가가 써놓은 원고를 유천 PD와 몇 자 수정한 뒤 곧바로 녹음에 들어갔다. 한번 녹음한 것을 들려주더니 PD님이 엄지척하며 "잘하시는 걸 보니 금방 끝날 수 있을 것 같네요."라며 만족해하셨다. 어느 지점에서 숨 한번 쉬고, 어디쯤 끊어 읽고, 어디는 말꼬리를 올려달라는 등 몇 가지 주문을 했고 나는 그대로 다시 한번 녹음에 들어갔다. 최종적으로 2개의 녹음을 들어본 후 그중 한 개를 골랐다.

PD님은 TV에서만 보던 커다란 원형 마이크가 있는 스튜디오에서 아내와 기념사진도 찍어주고, "생각보다 빨리 끝났으니 방송국 한번 돌아보시죠?"라고 하더니 한참 생방송 중인 '박준영·정경미의 2시 만세' 현장, 이지혜·김미려가 출연하는 스튜디오를 구경시켜 주었다. 지금은 텅 비어있었지만, 라디오스타 세트장을 찾아 기념사진을 찍어주고 한참 리허설 중인 개그맨 김학래와 인증사진도 찍게 주선해 주었다.

이렇게 녹음한 음원은 1월 27일부터 2월 14일까지 2주간 MBC 표준FM 06시 56분 그리고 18시 56분 노사발전재단과 MBC가 새롭게 시작하는 「새로운 인생, 시동을 건다.」캠페인으로 송출되었다. 이 캠페인은 중장년층의 일자리 지원 정책을 소개하는 것이지만, 내 목소리가 방송을 통해 전파를 탄다는 사실에 그냥 감사하고 영광일 뿐이었다.

방송되던 첫날 아침 박승렬 친구에게서 카톡이 한 통 날아왔다. "아침에 출근하다 라디오에서 네 목소리가 나와 깜짝 놀랐다."라며 축하해주었다. 그리고 두 번째로 전화해준 최명종 후배에게도 스타벅스 커피 쿠폰을 보내주었다. 그런 후 고등학교 동창인 김진현, 이름도 잊고 있던 옛날 전우 송기승 등 여러 사람으로부터 전화를 받고, 문자나 카톡으로 축하를 받았다. 당시 연락은 없었지만, 내 목소리를 들었다는 사람은 여럿 있었다. 역시 방송의 위력은 대단했다.

한참 시간이 지난 후 2월 22일 한국경제매거진 정유진 기자로부터 "인터뷰할 수 있냐?"며 취재요청이 들어왔고, 3월 2일 매거진 한경 jop & joy에 내 기사가 실렸다. 5월에는 고용노동부에서 발행하는 '내일' 취재진의 요청에 따라 인터뷰 작가와 김재기 사진작가의 사진 촬영을 거쳐 6월호에 게재되기도 했다. 난 어떻게 구성되었을지, 사진은 잘 나왔을지 이런 것들이 궁금하고 기다려지는 그 설렘, 그런 걸 즐기는 것 같다. 그러던 중 노사발전재단에서 제작한 우수사례집 「내 일이 있어 내일이 행복합니다」 책이 배달되었고, 당시 촬영했던 사진은 물론 사례집이 PDF로 변환해 메일로 보내왔다. 이렇게 6개월간의 대장정이 끝나는 것 같았다.

그런데 그게 끝이 아니었다. 2021년 8월 9일 KBS 대전 방송으로부터 아침마당 〈열려라! 인생 2막〉 출연 제의를 받았다. 이홍희 작가는 인생 2막을 아름답게 펼치고 있는 사람들을 초대하는 것이라며 인터넷을 통해 나를 찾았다고 했다.

"나 보고 아침마당에 출연하라고요?"

8월 12일 오후 2시 40분 KBS 대전 방송총국 녹화장에 출연자들이 다 모였다. 작가 겸 강사로 활동하는 황선만 씨는 과거 아침마당에 출연한 적이 있는데다 10년째 강연을 하는 사람이라 떨지 않는 듯했고, 푸드 크리에이터 서영자 씨는 50만 명의 팔로워를 확보한 유튜버라 말하는 것은 자신 있다고 했다. 처음 출연하는 나만 가슴이 콩닥콩닥 뛰고 있었다.

메이크업과 머리 손질을 마친 뒤 평소 TV에서만 보던 최현수, 김빅토리아노 아나운서가 자리하고 패널인 최수원, 한명환 노래 강사 그리고 우리 초대 손님 세 명이 자리를 잡았다. 녹화장 조명이 켜지고 큐 사인이 떨어지자 머리가 멍해지면서 아무 생각도 나지 않았다. 제일 먼저 소개를 시작한 나는 발음이 꼬이는 것 같았지만 녹화는 그냥 이어지고 있었다. 그렇게 쉼 없이 65분간의 녹화가 끝났다.

아나운서와 패널 그리고 출연진들이 다 함께 기념 촬영을 했고 동행

한 아내와도 사진을 찍은 뒤 돌아왔다. 내 인생에 또 하나의 추억거리를 만든 것이다. 다음 날 아침 08:25분 KBS-TV에 방송이 되기 시작했다. TV에서 내 얼굴이 나오자 TV를 지켜보던 지인들로부터 축하 전화가 걸려 오고 문자, 카톡, 밴드를 통해 축하 인사는 물론 TV 화면 캡처 사진, 동영상을 찍어 올려주기도 했다. TV에 나온 후 봉사활동을 나가도 알아보는 사람들이 있고, 길거리에서나 식당에서도 TV를 봤다는 사람들이 많았다. "TV를 다 봤는데 정말 훌륭한 사람이더구먼. 군에서 정년퇴직하고 정말 좋은 일 하시네요."라는 인사를 많이 받았다. 역시 TV 위력은 대단했다.

거의 잊을만할 무렵인 2022년 5월 교육의 중심 EBS로부터 「당신의 활력 충전소」 출연 제의를 받았다. 나는 그 프로가 박찬민, 이지연 아나운서가 진행하는 시니어 정보 쇼 프로그램이라 내가 적합할지 작가에게 되물었지만, 작가님은 "아유 괜찮습니다. 인생이 영감이 되는 걸요 ㅎㅎ."라고 해 그냥 출연하기로 했었다.

작가와 인터뷰를 마치고 개략적인 진행 방향과 시나리오를 받아 경기도 고양시 일산 EBS 스튜디오를 찾았더니 마스코트 펭수가 우릴 반겼다. 대기실에서 여성 두 명이 달라붙어 한 사람은 머리를 손질하고, 한 사람은 메이크업해주는데 난 대우받는 느낌이었다. '사회복지사 류두희'란 명찰을 가슴에 부착하자 관계자들이 속속 모여들고 다른 출연자, 사회자는 물론 패널로 정정아 여배우 등이 하나둘씩 자리를 잡기 시작했다. 서로 인사를 나누고 긴장하지 말고 편안하게 하면 된다는 격려를 받기도 했지만, 내 가슴은 콩닥콩닥 뛰고 있다. 세트장에 불이 켜지고 여러 대의 카메라가 움직이며 촬영이 시작되었다.

녹화가 끝난 다음 작가님에게 "당황해서 일부 빠뜨린 것도 있는데 괜찮겠냐?"고 했더니 잘 되었으니 걱정하지 말라고 했다. 박찬민 아나운서가 출연자들과 셀카를 찍고 동반한 가족들과 함께 사진도 찍어주었다. 그리고 6월 22일 EBS 1〈당신의 활력 충전소〉'제2의 직업 편'에 방송되었다. 올해 또 하나의 큰 흔적을 남겼다.

2022년 12월 1일 추운 겨울날 대전 KBS 아침마당 이홍희 작가로부터 전화가 걸려 왔다. 아직도 이동 세탁업무를 수행하고 있는지 묻고 촬영을 제안했다. 12월 13일 연말 불우이웃돕기 성금 모금 생방송「나눔은 행복입니다」프로가 있는데 중간에 들어갈 3분짜리 VCR에 나의 봉사활동 모습을 찍고 싶다는 것이었다.

KBS 담당 PD는 드론을 띄워 마을 풍경과 세탁차가 마을로 들어오는 모습도 찍고, 내가 세탁 준비하는 모습부터 세탁이 진행되는 과정을 하나씩 찍기 시작했다. 할머니들이 유모차에, 리어커에, 전동차에 이불을 싣고 오는 모습과 할아버지가 오토바이에, 승용차에 싣고 오는 모습도 빠짐없이 촬영하는 것 같았다. 세탁기 돌아가는 모습과 수거나 배달하는 모습, 빨랫줄에 이불을 널고 있는 모습을 찍느라 분주했다.

사이사이 할머니들의 인터뷰도 이어졌다. 이렇게 고마운 사람들이 어디 있느냐, 정말 고맙다는 말이 이어졌고, 내가 어디 아픈 데가 없는지, 밥은 잘 먹는지 대화하는 모습도 놓치지 않았다. PD는 촬영하는 내내 그림이 너무 좋다며 흐뭇해했다. 마지막으로 어떤 때 보람을 느끼는지 인터뷰를 나눴다.

12월 13일 오전 10시 40분경 KBS-1TV에서 생방송으로 진행하는「나눔은 행복입니다」성금 모금방송에서 대전 소식 20여 분 가운데 3분 25초간 내 모습이 방영되었다. 내 인생에 또 다른 추억 하나가 자리 잡았다. 사람의 인연은 참 모를 일이다. 이홍희 작가를 알고 한두 번 카톡을 주고받았을 뿐인데 구상을 하면서 내 그림이 떠올랐다고 했다. 고맙고 감사했다.

내가 방송에 나온 뒤 오랜만에 만난 사람도 "지난번 TV에 나오는 걸 봤다."라는 사람도 있었고, "카메라 잘 받던데!"라고 하는 할머니들도 있었다. 물론 고향에서도 "지난번 TV에 나오는 걸 보고 깜짝 놀랐다."라는 소리를 많이 들었다.

"원고도 외워야 하고 긴장도 될 텐데 왜 그 고생을 해! 스트레스 안 받아?"

주변 사람들이 간혹 나에게 묻는다. 물론 원고작성부터 암기하는 일, 방송국을 찾아가는 일, 긴장 속에서 촬영해야 하는 문제가 모두 스트레스라면 스트레스다. 그런데 나는 그런 걸 즐기는 것 같기도 하다. 그것도 경험이고 추억거리라는 생각이 들기 때문이다. 누군가 그랬다. 제2의 직업을 선택할 때는 그동안 해왔던 일과는 전혀 다른 분야를 찾아보라고…. 나도 그 말에 동의한다. 하던 일은 쉽게 접근할 수는 있지만, 고정관념이나 매너리즘에 빠지기 쉽다. 옛것을 고집하다 보면 새로움을 찾기 어렵기 때문이다. 그런 의미에서 전혀 새로운 분야의 일을 하면 생각부터 일하는 방식까지 모든 걸 새로운 관점에서 바라볼 수 있고 약간의 긴장감도 생겨서 좋다. 그래서 늘 새로운 것에 도전하는 삶이 아름답다. 그리고 즐겁다.

사람은 누구나 크든 작든 한해의 목표를 갖게 되고 인생의 목표도 그리게 된다. 나는 군대 생활 36년간 느끼지 못했던 것을 전역 후 10여 년을 보내면서 많은 걸 배우고 느꼈다. 내가 하고자 하는 목표가 설정되면 그 목표를 달성하는 방법을 찾게 되고 그 방법을 찾다 보면 길이 보인다는 사실을 깨달았다. 그 과정이 힘들다고 생각하면 힘들겠지만, 고되고 힘들다기보다는 은근히 스릴있고 긴장감도 있어 재미있다. 첫 번째 수필집을 출간하면서 정했던 책 제목 〈길은 있으리〉는 그런 면에서 크게 공감하는 바이다.

시골 밥상

내가 봉사활동을 나갈 때는 늘 자원봉사자들이 함께한다. 도심지 아파트로 갈 때도 있지만, 대부분 시골 마을로 다니기 때문에 주변에 점심 먹을 식당이 거의 없다. 오전 10시가 넘으면 주부들이 늘 고민하는 '오늘은 뭐 해 먹지?'와 같은 고민을 하게 된다. 도심지에서는 도시락을 배달해 먹거나 포장해다 먹어도 된다. 문제는 시골 마을이다. 우리가 움직일 수 없으니 배달해 주는 곳을 택할 수밖에 없었다. 그래서 내 큰 고민 중의 하나는 '오늘 점심은 뭘 시켜줄까?'였다. 그렇지만, 시골까지 배달해 주는 곳은 거의 없다. 유일하게 멀리 배달해 주는 중국 음식점 한 곳이 있었다. '00반점'이다.

처음 봉사를 시작할 때는 거의 짜장면, 짬뽕 그리고 볶음밥이었다. 봉사자들은 "가끔 먹는 건데 괜찮아요."라고 했지만, 늘 미안했다. 배달되어 온 짜장면이나 짬뽕이 퉁퉁 불어오는 경우가 허다했기에 맛은 그다지 좋지 않았다. 그래도 싫은 내색 하지 않는 봉사자들이 늘 고마웠다. 더구나 "우리는 한 달에 한 번 먹는 거지만, 선생님은 자주 먹으니 불편하시겠어요."라고 위로해 주는 봉사자들도 있어 더욱 따뜻했다. 세탁차 안에서 꺼낸 원형 플라스틱 통 위에 펼쳐진 짜장면 한 그릇을 먹으며 도란도란 이야기하는 추억도 오랜 기억 속으로 남아있다.

몇 년이 지나자 점심 식사 분위기가 달라지기 시작했다. 야외에서 식고 불은 음식을 먹는 게 쉽지 않았던 모양이다. "좀 늦더라도 봉사 끝나고 식당에 가서 먹으면 안 될까요?", "내 차로 포장해다 먹을까요?"라고 하는데 '아!, 시켜 먹는 음식도 좀 질렸구나!' 생각이 들었다. 포장해다 먹으면 봉사자들의 차를 운행하게 되어 미안했고, 식당에 가서 먹다 보면 통상 오후 2시가 넘어 점심을 먹어야 했기 때문이다. 봉사를 나가면 오후 두세 시나, 서너 시까지 이어지는 바람에 점심 한 끼를 때우는 것도 큰일이 아닐 수 없었다. 그리고 늘 봉사자들에게 미안한 생각이 들었다.

"오늘 뭐 해 먹지?"

모든 가정주부의 고민이다. 자원봉사자들과 이야기하다 보면 늘 듣는 게 그 말이었다. 매일 밥상을 챙겨야 하는 주부들 처지에서는 끼니마다 무슨 반찬을 할까 고민스러운 거다. 물론 남편보다는 아이들에 맞추다 보니 아침에 반찬으로 삼겹살을 구워준다는 사람도 있었고 아이들이 좋아하는 메뉴를 일주일 단위로 돌아가며 해준다는 사람도 있었다. 아침에 먹던 걸 저녁에 먹을 수도 없고 어제 먹었던 걸 다시 해 먹을 수도 없으니 하루하루가 걱정이고 고민이다.

우리 아내도 마찬가지였다. 저녁 무렵 전화가 걸려 왔다. "오늘은 뭐 해 먹지? 먹고 싶은 거 없어요?"라고 묻기에, 나는 "닭볶음탕 먹고 싶은데."라고 대답했다. 아내는 이제 해결되었다는 듯 밝은 목소리로 "오케이. 시장 갔다 와야겠네!"라고 하길래 나는 퇴근할 때까지 닭볶음탕 먹을 생각만 하고 있었다. 그런데 집에 와보니 웬걸 버섯찌개가 차려져 있었다. 나는 실망해서인지 "어~ 닭볶음탕이 아니네?"라고 묻자, 아내는 "응, 닭볶음탕을 하려고 했더니 며칠 전 고기를 먹은 것 같아서 담백한 버섯찌개로 했어. 건강도 생각해야지."라고 하는데 할 말이 없었다. 시장에 나가 물건을 고르는데 버섯이 아주 싱싱해 보여 갑자기 버섯찌개를 먹고 싶더란다. 그래서 메뉴가 바뀐 것이었다.

  누가 그랬던가?. 아내들이 남편보다 더 오래 사는 건 그날그날 자기가 먹고 싶고, 땡기는 걸 만들어 먹기 때문이라고. 가끔은 "오늘 일찍 들어오는 거지?"라고 물을 때도 있다. 그 말은 일찍 들어오면 밥을 해야 하는데 뭘 할지 몰라 답답해서 그런 거다. "뭐 먹고 싶어?"라고 묻는 걸 보면 아직 저녁 메뉴를 정하지 못해 고민하는 시간인 거다. 그럴 때 내가 "밖에서 사 먹을까?"라고 하면 아내는 금방 "그럴까? 요즘 외식한 지 오래된 것 같네."라고 반기는 모습이다. 그러면서 기분이 좋아지고 목소리도 부드러워지는 걸 금방 알게 된다.

  얼마 전 단골로 다니는 안경원에 갔는데 사장님이 저녁 식사를 하고 있었다. 안경원 안쪽에 조그만 책상 위에 도시락을 펼쳐놓고 식사하는 모습이 애처로워 한마디 던졌다. "저녁에도 도시락을 드시면 점심은 어떻게 드세요?"라고 물었더니 사장님은 "아침에 나올 때 도시락 두 개를 싸 와서 한 개는 점심때 먹고, 한 개는 저녁때 먹어요."라고 하는데 점심 도시락과 저녁 도시락 반찬이 똑같을까 다를까 생각해 보았다. 아마도 다르게 싸지 않았을까 생각이 들었다. 그러면서 또 생각한 것은 사장님도 가게에서 매일 도시락을 먹는 것도 힘들겠지만, 하루에 도시락 두 개를 싸주는 그분의 아내도 힘들겠다고 생각했다. 매일 도시락

두 개의 반찬을 뭐로 쌀까? 얼마나 고민하고 고생스러울까? 하는 생각이 들었다.

　순간 학창 시절 내 도시락이 떠올랐다. 집에서는 꽁보리밥을 먹지만 도시락에는 쌀 밥알이 듬성듬성 섞여 있었고 반찬은 매일 김치였다. 하루는 그냥 김치, 다음날은 약간 볶음김치, 그리고 장아찌가 돌아가며 들어 있었다. 어머니는 아침마다 도시락 여러 개를 펼쳐놓고 한쪽 편에는 보리밥을, 한쪽 편에는 반찬을 가지런히 넣어 주셨지만 흔들리는 도시락 때문에 밥을 먹을 때는 비빔밥이나 다름이 없었다. 자식 수에 맞게 도시락을 싸야 하는 어머니들의 고충이 얼마나 컸을지 상상해 본다. 요즘 어머니들에게는 학교 급식이 시작된 게 최고의 행복인지도 모른다.

　시골 마을 경로당에는 일주일에 한 번씩 밥해 먹는 날이 정해져 있다. 어느 마을은 우리가 세탁 봉사를 나가는 날 할머니들이 이불을 맡길 겸, 밥해 먹는 날로 정하는 경우가 간혹 있었다. 그날은 동네잔치나 다름없었다. 집에서 반찬을 가져오는 사람도 있고 노인회장은 시장에 나가 고기도 사다 건네주니 아주머니들은 밥상 차리느라 분주해진다. 한쪽에서는 양푼에 채소와 고춧가루를 넣고 겉절이를 무치고, 한쪽에서는 김치에 돼지고기를 넣어 찌개를 끓이며, 한쪽에서는 반찬을 몇 세트로 나눠 여러 개의 밥상에 차리기 시작한다. 그리고 압력밥솥에서 '삐그덕삐그덕' 울리기 시작하면 동네에서 힘깨나 쓰는 할머니 한 분이 사람 수에 맞게 밥을 푸기 시작한다. 금세 진수성찬의 밥상이 차려진다.

　할머니들이 여러 개의 밥상에 옹기종기 둘러앉은 모습이 잔칫날이나 다름없다. 노인회장이 "소주는 없어?"라고 하면 발 빠른 아주머니가 냉장고에서 소주 한 병을 꺼내 따라주면서 "나도 한 잔 마셔야지."라며 팔을 내민다. 정겨운 모습이다. 이곳 밥상에서는 자연스럽게 끼리끼리

구분되는 것처럼 보였다. 나이가 많은 노인들이 한 상, 좀 더 젊은 노인들이 한 상, 남자들 틈에 한두 명 끼어있는 애교 있는 아주머니, 부엌일을 도맡아 했던 젊은 할머니들이 한 상을 차지하고 있었다. 저마다 이런저런 동네 이야기를 하면서 나누는 점심은 부러웠다.

그날도 봉사활동이 한참 진행 중이었는데 시계를 보니 점심시간이 다가오고 있었다. 줄지어 늘어선 이불 보자기를 보니 두세 시간은 더 걸릴 듯했다. 이곳은 시내에서 가장 멀리 떨어진 동네라 점심을 배달해 주는 곳은 오직 00 반점밖에 없다는 걸 알면서 봉사자에게 조심스럽게 메뉴를 물었다. 그러자 봉사자 한 분이 "나는 다른 곳은 다 좋은데 00반점 음식은 안 먹는데!" 하는 바람에 순간 맨붕이 왔다. 봉사자 한 명이 시내로 나가 음식을 포장해 와야 할 상황이라 무엇을 먹을지 논의하고 있었다.

그때 아주머니 한 분이 내게 다가오셨다. "오늘 점심은 시키지 말아요. 내가 겉절이를 새로 담갔는데 맛이 괜찮아. 그것만 가지고도 밥을 먹을 수 있으니 그냥 먹어요."라고 했다. 나는 반갑기도 했지만, 미안해서 "시내에서 시켜 먹기로 했으니 괜찮아요."라고 말했다. 그렇지만 아주머니는 "아니야, 오늘은 내가 대접할 테니 그렇게 알아요. 다른 반찬은 없어요."라며 자리를 떴다.

한참 시간이 지난 뒤 할아버지가 자가용에 음식을 배달해 오셨다. 모듬이 밥에 겉절이, 콩나물국, 파김치와 도라지무침, 계란말이로 단출하지만 깔끔하게 차린 시골 밥상이었다. 어릴 적 논에서 일하다 새참 싸 오듯 하신 모습이 너무 정겹고 고마웠다. 반찬도 한쪽 남기지 않고 모두 맛있다고 먹었다. 조금 남은 겉절이는 한 봉사자가 "이건 내가 가져가서 먹을게요."라며 주섬주섬 싸기 시작했다. 전00, 이00 어르신의 정성이 담긴 점심 대접을 받았다. 여자들은 말한다. "남이 해준 밥은 다 맛있다." 그래서 식당에서 사주던, 누가 만들어 주는 식사는 다 맛있게 먹는다. 그런데 오늘의 점심은 정말 맛있었고 오랫동안 기억에 남을 것 같았다.

또 기억에 남는 일도 있었다. 우리가 세탁하는 동안 경로당에서 잔치가 벌어진 듯 할머니들이 부산하게 움직였다. 이 동네는 몇 집 안 되는 작은 외딴 마을이라 경로당을 이용하는 사람들도 늘 네댓 명뿐이었다. 그래서인지 한 명도 앉아 있는 사람은 없었고 모두 일어나 분주하게 움직인다. 어떤 할머니는 집에 달려가 새로 담갔다는 물김치를 퍼오기도 했고, 금방 밭에서 따온 채소도 씻고 있었다. 허리는 굽었지만, 손놀림은 빠르게 움직이는 걸 보니 숙달된 주부답게 손맛을 뽐낼 것만 같았다.

전기밥솥에 김빠지는 소리가 길게 들려오자, 후다닥 밥상이 차려지기 시작했다. 우리에게 "여기는 배달해 주는 식당도 없으니 그냥 먹어요."라고 하는 바람에 거절할 수 없었다. 남자들 밥상과 여자들 밥상으로 나뉘었고 봉사자들도 거들기 시작했다.

"오늘은 사람 사는 것 같아 좋다."

라고 한 할머니가 말씀하셨다. 매일 똑같은 얼굴만 보다가 모처럼 젊은 사람들이랑 밥상을 마주하니, 마치 자식들과 함께 있는 것처럼 좋다고 했다. 그 말씀도 찡하게 다가왔다. 새로 무친 겉절이에 물김치, 그리고 된장찌개가 전부였지만, 그날의 점심은 어머니가 차려주는 밥상이었다. 밥은 씹으면 씹을수록 단맛이 더해졌고 겉절이는 배추의 향이 입안을 맴돌며 나를 자극하는데 그 맛을 잊을 수가 없었다. 봉사자들은 고향의 어머니가 생각나는지 맛있다 너스레를 떨며 밥그릇을 비우니 할머니들의 입가에 미소가 가득해졌다.

　이불 빨래를 마치고 집 마당 빨랫줄에 널어주었다. 할머니는 텃밭에서 쪽파 한 주먹을 뜯어 주면서 "요즘 쪽파김치를 버무려 먹으면 엄청 맛있다."라고 말씀하셨다. 그런데 할머니의 표정에는 전혀 아까워하는 기색이 보이지 않는다. 노인들만 사는 마을에 젊은 사람들의 방문이 그렇게 좋았던 모양이었다. 그만큼 외로움을 겪고 있다고 생각하니 그 또한 위로가 되었다.

할머니의 따뜻한 정

내 마음속 깊은 곳에는 속물근성이 자리를 잡고 있는 것 같다. 지인의 저녁 초대를 받고 맛있는 음식을 대접받고 나오다가 탁자 위에 깔끔하게 포장된 선물꾸러미를 보면서 '나한테 주려는 걸까?' 착각하기도 한다. 어려서부터 누가 뭘 주면 그냥 좋았다. 그게 아주 가벼운 선물이든, 비싸고 좋은 물건이든 공짜로 받는 것은 다 좋았다. 옛말에 '공짜는 양잿물도 먹는다.'라는 말이 있는 걸 보면 나만 그런 건 아닌가 보다.

그러던 내가 받는 것보다 주는 게 더 즐거울 때가 있음을 종종 느낀다. 나이가 들어서인지 아니면 욕심이 줄어서인지 잘 모르겠다. 언제부턴가 남에게 밥을 얻어먹는 것도 편하지 않고, 선물을 받으면 좀 부담되는 것이 나이 든 탓이리라. 내가 세탁 봉사를 다니면서 만났던 할머니들도 똑같은 마음인지 우리에게 뭔가를 주고 싶어 했다. 남에게 무엇을 내준다는 것은 진정으로 고마움을 느낄 때 나타나는 현상이니라. 엄사리로 봉사를 나갔는데 이불 보따리를 잔뜩 들고나온 김0 할머니가 내게 다가와 귓속말로 살며시 물었다.

"선생님 혹시 술 마실 줄 알아요?"
"그럼요. 잘 먹죠."

라고 대답했다. 할머니는 지난 명절 때 제사를 지내고 남은 술이 있는데 우리는 아무도 먹을 사람이 없어서 줘도 괜찮을까 묻는 것이었다. 나는 "그냥 자제분들 오시면 드시죠." 그랬더니 먹을 사람이 없다고 손사래를 치셨다. 한참 시간이 지난 뒤 할머니는 남들이 알아채지 못하도록 신문지로 돌돌 말아 감싼 술병을 내게 건네면서 "제사 때 쓰고 남은 술 준다고 흉보지 말고 저녁에 한 잔씩 드세요." 그러더니 "다른 사람 보기 전에 깊숙한 곳에 넣어둬요."라고 말씀하셨다. 큰 대병 절반가량 남은 소곡주였다. 그 귀한 술을 내게 주면서도 할머니의 기분은 좋은 모양이었다. 나는 그 술을 집에 가져와 할머니 얼굴을 떠올리며 저녁마다 한 잔씩 맛있게 먹었다.

그 경로당에는 코로나19가 오기 전까지는 할머니들이 점심을 해 드셨다. 할머니들이 가져온 반찬과 된장찌개나 청국장찌개를 끓여 둥그렇게 앉아 점심 먹는 모습이 늘 정겨웠다. 어떤 때는 커다란 양푼에 비빔밥을 만들어 떠먹는 모습도 한 폭의 그림이었다. 노인들이 집에서 혼자 먹는 것보다 여럿이 모여 정담을 나누며 밥 한 끼 먹는 게 얼마나 꿀맛인지 모른다. 나는 사회복지 업무를 하면서 간혹 할머니들의 집을 방문할 기회가 있었다. 할머니 혼자 먹는 밥상을 보고 가슴 저린 적이 한두 번이 아니다. '저게 무슨 맛이 있을까, 그냥 뱃구레만 채우는구나!' 생각했었다. 할머니들의 경로당 밥상은 조촐하지만 훌륭한 오찬이었다.

언젠가 세탁 날짜를 잡기 위해 경로당을 방문한 적 있었다. 한참 일정을 논의하고 나오는데 평소 경로당 일을 도맡아 하시는 할머니 한 분이 잠깐 기다리라고 하더니 창고에서 소주 한 병을 들고나와 내게 건네주었다. 나는 의아해서 "대낮에 무슨 소주예요?"라고 물었더니 지난번 왔을 때 우리만 술을 먹어 미안해서 그런다고 했다.

그 할머니 말씀은 이랬다. 지난번, 이 마을로 세탁 봉사를 나왔을 때 나는 봉사자들과 배달해 온 도시락을 먹었고, 옆에서는 동네 어르신들이 옹기종기 모여 앉아 점심을 들고 계셨다. 그중에 몇 분은 반주로 소주를 한잔씩 드시는 중이었다. 한 할머니가 옆에 있던 나에게 "한 잔 드릴까요?"라며 술잔을 권했고, 나는 "저는 일하는 중이라 술을 먹을 수 없으니 맛있게 드세요."라고 사양한 적이 있는데 그날 자기들만 술을 먹어 미안했던 모양이다. 할머니로부터 받은 소주 한 병을 차에 싣고 오는데 그냥 웃음이 났다.

00아파트에서는 94세 류00 할머니가 무겁고 큰 극세사 겨울 이불 2개를 가져왔다. 지금 7월 말인 걸 생각하면 겨우내 사용했던 이불을 세탁하지 못한 채 방 한쪽에 보관해 놨다가 가져온 것이다. 할머니는 연세가 많고 왜소한데다 금방 넘어질 것처럼 불안불안하게 걷는 분인데 이불을 유모차에 싣고 직접 가져온 것이었다. 나와 봉사자들은 "미리 말씀해 주시면 우리가 가지러 갈 텐데 왜 위험하게 가지고 오셨어요?"라고 했더니 아직은 괜찮다고 했다.

한 시간쯤 지났을까, 그 할머니가 저 멀리서 무언가 들고 오는 게 보였다. 혼자 걷기도 힘든 분이 무엇을 들고 오나 싶었고 걷는 방향이 우리 쪽으로 오는 것 같았다. 나는 냉큼 달려갔다. 할머니가 들고 있는 쟁반에는 작은 냄비에 펄펄 끓인 물과 무거운 머그잔 2개, 커피믹스 4개가 담겨있었다. 순간 난 아찔하다는 생각이 들었다. 몸도 성하지 않고 혼자 걸음도 겨우 걷는 노인이 아닌가. 뜨거운 물을 들고 오다 넘어지기라도 하면 어쩌려고 그랬나 당황하지 않을 수 없었다. 난 우리 어머니에게 말하듯 "아주머니, 우리는 얼음과 더운물을 늘 가지고 다니는데 먼저 물어보고 가져오지 그랬어요?"라며 핀잔 아닌 핀잔을 주었다.

"겨울 이불을 못 빨고 몇 달을 기다리다 맡긴 건데, 뭘 줄 게 있어야지!"
"먼저 물어보면 됐다고 할 것 같아 그냥 가져왔지."

할머니가 그렇게 말씀하시는데 가슴이 찡했다. 할머니의 빨래를 햇볕에 널고 있는 모습이 아직은 정정하신 것 같아 마음은 편했다. 그날 할머니가 가져온 쟁반을 사진 찍어 봉사자 밴드에 올렸다. 그랬더니 봉사자들의 댓글이 쏟아졌다. "봉사의 참맛을 느낍니다.", "고맙긴 한데 행여 넘어지면 어쩌려고….", "할머니는 그거라도 내주는 게 마음이 편하셨나 보네요."라는 반응을 보였다. 할머니의 마음이 조금이라도 편했다면 다행스러운 일이다. 할머니의 끈끈한 정을 온몸으로 느꼈다.

언젠가 추운 겨울날 한 아파트로 세탁 봉사를 나갔을 때 일이다. 겨울에는 외곽 수도가 얼기 때문에 뜨거운 물을 붓고 녹이는 작업도 해야 했고 건물 내 화장실에서 길게 물을 끌어오느라 아침마다 분주해진다. 그날도 날씨는 춥지만, 햇볕이 좋을 때 빨래해야 한다며 할머니들이 가져다 놓은 이불 보따리가 길게 늘어서 있었다. 몇 시간이 흘렀을까, 세탁기 몇 바퀴가 돌아가고 있는 사이 세탁차 운전석에 앉아 쉬고 있는데 누군가 문을 두드렸다. 문을 열고 나가 보니 이불 빨래를 하셨던 서00 할머니였다. 품속에서 무엇인가를 꺼내 내게 주었다. 나는 당황스러워 뭐냐고 물었더니

"추운데 따뜻하게 드세요."

라고 말씀하셨다. 할머니는 쌍화탕 한 개를 따끈하게 데운 뒤 행여 식을까 봐 신문지로 돌돌 말아서 품 안에 넣고 오셨다. 감동이었다. 이 것은 아들에게 하는 것과 다를 바 없었다. 할머니의 마음속에는 이불 빨래를 해주었으니 무언가 주고 싶은 정이 담겨있는 것이다.

서00 할머니는 정이 많은 분이다. 다른 아파트에서 한참 이불 빨래를 하는데 할머니가 손수레를 끌고 가로질러 가느라 나와 맞부딪쳤다. "아이고 선생님, 오늘은 여기서 하시네!"라고 반갑게 인사했다. 서로 따뜻한 인사를 나눈 뒤, 자리를 뜨려다 말고 손수레에 있는 무 한 개를 꺼내 "집에 가서 생채나 해 먹어요."라며 내게 건넸다. 그 순간 봉사자 한 명이 보고 말았다. 할머니의 손수레에는 무 대여섯 개 있던 터라 더 꺼내주기는 난처했는지 약간 쑥스러운 표정으로 자리를 떠났다. 얼마 지나지 않아 할머니가 다시 돌아오셨다.

"아이고, 그래도 이건 아니지!"

그냥 지나쳐 가긴 했는데, 걸어가면서 생각해 보니 아무래도 찜찜하더란다. 무 한 개가 뭐라고. 사람은 세 명인데 무 한 개를 주고 가려니 뒤통수가 가렵더란다. 그래서 다시 돌아왔다고 했다. 봉사자 두 명에게 무를 나눠주고 손을 흔들며 자리를 뜨신 적이 있었다. 그만큼 정이 넘치는 분이다.

요즘 사람들은 정이 메말랐다고 말한다. 너무 삭막하다고도 한다. 옆 사람을 쳐다보지 않고 오직 내 갈 길만 걷는다고 한다. 타인에 대한 무관심, 극도의 이기주의로 흘러간다고 한탄한다. 맞는 말이다. 다른 사람을 의식하지 않은 채 자기 생각대로 움직이는 편이다. 간섭하는 것도 싫어하지만, 나에게 친절을 베푸는 것도 사양한다. 앞집에 누가 사는지, 무슨 일을 하는 사람인지 관심이 없고 엘리베이터에서 옆집 아이를 만나더라도 아는 체하거나 인사를 나누는 것도 눈치 보일 정도로 익숙지 않다.

그런데 나이가 많은 노인들 속에서는 아직도 정이 남아있다. 젊은 사람들에게서 볼 수 없는 끈끈한 인정이 남아있다는 것을 느낀다. 이불 빨래를 다니면서 가장 많이 받는 것은 당연히 '커피믹스'다. 커피믹스는 값도 싸고 타기도 편리할 뿐 아니라 나이 든 사람들은 한두 잔씩 마시는 보약이나 다름없다. 아침 식사를 마치면 입이 개운하라고 마시고, 오후가 되면 "아이고, 당 떨어졌으니 한잔 마셔야지."라며 또 마시는 게 커피믹스다. 남에게 인사차 건네는 것도 커피믹스다. 그래서 할머니들은 이불 빨래의 고마움을 표하는데 가장 쉬운 것이 커피라고 생각하는 것 같다.

두 번째로 많이 받는 게 요구르트다. 자식들이 사다 주기 쉬운 게 요구르트다. 하루에 몇 개씩 마시면 좋으련만, 할머니들은 아끼는 습관이 몸에 배어 있다. 우리는 받자마자 무의식적으로 유통기한을 쳐다보는데 벌써 1주일이 지났다. 그렇지만 할머니를 향해 "고맙습니다. 잘 먹을게요."라고 방긋 웃음을 보낸다. 요구르트는 유통기간이 짧은 편이다. 할머니가 아끼고 아끼던 요구르트라는 걸 알기 때문에 그래도 고마운 거다.

세 번째로 많은 건, 두유인 것 같다. 노인들이 식사를 제대로 하지 못하니 자식들은 조금이나마 먹기 쉽고 영양가도 높은 두유를 사다 준다. 노인들이 있는 집에는 두유 한두 상자 없는 집이 없을 정도이고 노인을 찾아뵐 때 가장 무난한 것도 두유라고 생각한다. 간혹 당뇨 환자들이 마시는 두유를 주기도 하는데 젊은 사람들의 입맛으로는 별로 끌리지 않는 맛이다. 내 것을 남에게 내어주는 것은 쉽지 않은 일이다. 어렵게 살아온 노인들에게는 그런 정이 남아있었다.

손 좀 쥐봐유!

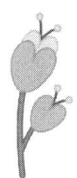

처음 세탁 봉사를 시작할 무렵 있었던 일이다. 마을회관과 멀리 떨어져 있는 외딴 지역에 혼자 살고 있는 할머니 몇 분의 이불 빨래 요청이 들어왔다. 2.5톤 트럭을 끌고 비좁은 시골길 그리고 비포장 농로를 가는데 머리카락이 솟을 정도로 긴장되고 더럭 겁이 났다. 비포장 길은 지반이 약해 무거운 차량이 움직일 때 한쪽으로 기울 수 있다며 걱정하자, 그곳에 사는 아주머니는 "아이고 걱정하지 말아요. 덤프차도 얼마든지 달리는 길이예요."라고 하는데 난 불안하기 짝이 없었다. 트럭 운전 경험도 없는 데다 좁은 농로는 자신이 없었기 때문이다.

그 마을에 홀로 살고 있는 세 명의 이불을 세탁해 집 앞마당 빨랫줄에 널어드렸다. 구순이 넘은 할머니 집에 빨래를 널어드리고 나오는데 할머니가 나를 불렀다. "이거 가져가요."라고 건네는 할머니의 뚝뚝하고 굵은 주름이 가득한 손에는 만 원짜리 한 장이 들려 있었다. 나는 깜짝 놀랐다. 시골 할머니가 어떻게 생면부지의 남에게 돈 줄 생각을 했을까,

나는 "할머니 이건 만 원짜리예요."라고 하자, 할머니는 작은 목소리로 "알아요."라고 말했다. 본인도 귀한 돈이라는 걸 모를 리 없다. 내가 손사래를 치며 거절하자, 할머니는 거친 숨을 내쉬면서 말씀하셨다.

"내가 어떻게 이불 빨래를 하겠어. 언제 빨았는지 기억도 안나!"
"아이들이 간혹 오지만, 이불 빨래까지 해주고 가지는 않잖아!"

순간, 혼자 살고 있는 어머니가 떠올라 눈물이 핑 돌았다. 집에 자주 드나들면서 이불 빨래를 제대로 해준 기억이 거의 없다. 여름 이불이나 가벼운 담요는 간혹 세탁기에 넣었던 기억이 나는데 무거운 겨울 이불을 세탁해 준 기억이 없었다. 나는 할머니의 손을 꼭 잡아주면서 "정말 고맙습니다. 그런데 돈은 안 받습니다."라고 인사했다. 그 할머니에게 만원이란 돈은 큰돈인 줄 알면서도 선뜻 내주려고 마음먹었다는 것은 그만큼 고마웠다는 게 아닐까 생각했다.

금암동에 구순이신 양OO 할머니도 비슷했다. 세탁기에 이불을 여러 번 넣고 꺼내기를 반복하고 있는데 할머니가 세탁차 옆으로 다가오더니 자원봉사자들과 대화 중인 있는 나를 불렀다.

"손 좀 줘봐유!" 하기에 내가 "왜 그러세요?"라고 물었다.
"내가 여러 번 이불 빨래를 맡겼는데 정말 미안해서 짜장면값이라도 주려고 해."

할머니 손에는 만 원짜리로 보이는 지폐가 쥐어져 있었다. 내가 완강하게 사양하자, 자원봉사자에게 달려가 주려고 했다. 자원봉사자도 "우리는 무료로 해드리는 거라 돈은 안 주셔도 돼요. 걱정하지 말고 주머니에 넣으세요."라고 말씀드렸다. 할머니는 약간 삐진 모습이었다. "아이, 이불 빨래해줘서 자장면 한 그릇 사 먹으라는데 그것도 안 받고 난리야!. 나 참!"이라며 쥐고 있던 돈을 주머니에 넣었다. 할머니의 표정은 진심이었던 것 같다. 우리는 세탁을 마치고 바로 옆에 있는 중국 음식점에서 할머니가 사준 것만큼 맛있는 자장면을 먹을 수 있었다.

향한리에는 꼬부랑 조00 할머니가 살고 있다. 예전에 할아버지가 살아 계실 때는 너무 엄격해서 집 밖으로 나가지 못한 채 매일 밭에서 일만 했다고 했다. 할아버지가 떠나신 뒤 할머니는 너무도 달라지기 시작했다. 머리도 짧게 커트하고, 옷도 화려한 색깔로 차려입더니 5km나 떨어진 노인종합복지관을 다니기 시작한 것이다. 그것도 엉덩이를 삐쭉대며 30분가량 자전거를 타고 다녔다. 점점 화장을 진하게 하는 모습이 너무도 궁금했다.

나는 할머니의 모습이 자꾸 화려해지는 것 같아 언젠가 물어봤다. "할머니 복지관에 가시니 재미있으세요?"라고 했더니 할머니는 "복지관에 프로그램이 얼마나 많은지, 오전에 두 개 프로그램하고 그곳에서 점심을 먹고 또 프로그램한 뒤 집에 온다."고 했다. 그러더니 "간혹 핸섬한 할아버지가 나타나면 할머니들 눈이 휘둥그레지면서 얼마나 질투하는지 몰라!"라고 하셨다. 할머니의 청춘사업에 누군가 시기하는 사람이 생긴 것 같았다.

그 할머니 집은 경로당과 멀리 떨어져 있어 나는 봉사자와 함께 이불을 수거하고 배달도 해드렸던 분이다. 간혹 기부 물품을 전달해 드릴 때는 "집 열쇠를 어디에 놨으니 문안에 넣어달라."고 하기도 했었다.

그런 할머니가 어느 날 이불 세탁을 하고 있는데 세탁차 앞에 다가와 이불 보자기를 힐끔 쳐다보더니 "아이고, 밥 먹을 시간이 다가오는데 대접도 못하고 참."이라며 혼잣말로 중얼거리며 지나갔다. 세탁차

와 조금 떨어진 곳에서 자신의 유모차 의자에 앉아 몸빼바지 주머니에서 뭔가 주섬주섬 꺼냈다 넣기를 반복하고 있었다. 이쪽 주머니 저쪽 주머니에서 돈을 꺼내 차곡차곡 정리하는 것 같아 보였다. 그러더니 내게 슬그머니 다가와 웃음 띤 미소를 지으며 말했다.

"내가 밥이라도 사 먹게 돈을 주고 싶은데 안될까?"
"얼마를 주시려고요?"

나는 웃으면서 되물었다. 할머니는 삼만 원이라고 하면서 손에 꽉 쥐고 있던 돈을 내밀었다. 만 원짜리 한 장에 오천 원짜리도 보였고 천 원짜리 몇 장도 보였다. 이쪽저쪽 주머니에서 꼬깃꼬깃 모아두었던 돈을 주섬주섬 꺼내 3만 원을 만들었던 모양이다.

"할머니. 회사에서 밥을 사줘요."
"누가 밥 먹을 돈이 없을까 봐 그러나. 내 마음이 그래서 그런 거지."
"제가 돈을 받으면 혼나요. 좋은 일 하면서 혼나면 안 되잖아요. 그러니 그냥 넣어 두세요."

라고 말씀드렸더니 멋쩍은 표정으로 다시 주머니에 넣었다. 나는 마주 앉아 "왜 저한테 돈 줄 생각을 하셨어요?"라고 했더니 "하느님의 뜻이었던 것 같다."고 말씀하셨다. "하느님이 밥 한 끼 사 먹을 수 있게 돈을 주라"고 영을 내리신 것이라고 했다. 그분은 마음에서 우러나는 고마움의 표현이라 믿는다. 그날도 봉사자의 차량에 이불 보따리를 싣고 배달을 떠났다. 차 안에서 내가 물었다. "할머니는 요즘도 자전거를 타고 복지관에 나가세요?"라고 물었더니 할머니는 웃으면서 "그게 벌써 5년 전 일이라오." 5년 전부터 자전거를 못 탔다고 했다.

복지관에서 댄스도 배우고 노래교실도 다니면서 나름 재미있게 지낸다고 했다. "허리가 굽어 유모차가 아니면 걷지도 못하고 몸은 구석구석 아파 죽을 지경이지만, 아직도 마음은 노인이란 생각이 들지 않는다."라고 했다. 할머니의 말씀을 들으면서 '아, 그래서 몸은 늙어도 마음은 청춘이라고 하는구나!' 생각이 들었다.

| 줄 것이 이것밖에 없네!

　우리는 이불 빨래를 할 때 사전 신청도 받지만, 현장에서도 받는다. 오늘따라 빨래하는 모습을 보고 무작정 세탁물을 가져오는 사람들이 줄을 잇는 바람에 몇 시간째 세탁기를 돌리고 있지만, 늘어선 이불 보따리가 줄어들 기미를 보이지 않아 난감했다. 세탁기를 오랫동안 돌리다 보면 발전기나 세탁기, 펌프 등이 과열될 수도 있고, 봉사자들에게 미안하기 때문에 접수를 마감하려고 하지만, "이것까지만 해줘!"라고 애원하기도 하고, 어떤 분은 무조건 이불 보따리를 내려놓으며 늦더라도 해달라고 조른다.

　빨래 봉사를 나오는 봉사자들은 대부분 학부모라 자녀들이 학교에서 돌아올 시간이 되면 마무리되길 바라는 눈치다. 그러다 보니 오후 세 시가 지나면 시계를 자주 쳐다보는 게 눈에 띈다. 오늘도 늦게 이불 보따리를 가져오는 할머니를 쳐다본 뒤, 난처해서 봉사자를 살며시 바라봤다. 봉사자는 눈을 질끈 감으며 고개를 끄덕이는 걸 보니 늦더라도 그냥 해드리자는 표시였다. 이불이 세탁기에 들어가는 걸 보고 시계를 보니 벌써 세시를 넘기고 있었다. 아무래도 오늘은 오후 4시를 훌쩍 넘겨야 할 것 같았다.

아침에 시작한 봉사활동이 오후로 이어지면서 지루하기도 하고 은근히 피곤함이 몰려오기 마련이다. 할머니들은 오늘 덮어야 한다며 빨리해달라고 보채기도 하고, 금방 세탁기에 들어갔는데도 차량으로 다가와 "언제 나오느냐?"라고 묻는데 여간 성가신 게 아니다. 온종일 이렇게 시달리다 보면 오후에는 피곤함이 몰려오기 마련이다. 이때 빨래를 마친 할머니 한 분이 다시 찾아왔다.

"이거 시원하게 마시고 해요!"

할머니가 우리에게 건네준 것은 박카스 3병이었다. 냉장고에서 방금 꺼낸 듯 시원했다. 뚜껑을 열고 목에 한 모금 떨구니 식도를 타고 내려가는 목덜미가 상쾌해진다. 우리가 고맙다고 인사하자, 할머니는 "빨래 끝나면 주려고 미리 사다 뒀지!"라고 했다. 비교적 세련된 할머니였다.

할머니 한 분이 지팡이를 잡고 봉사자에게 말했다. "이불 보따리를 엘리베이터 앞까지만 들어다 주면 안 될까?"라고 하자, 봉사자들은 집에까지 배달해 준다. 어떤 분은 "건조대에 널 수가 없으니 집에 널어 달라."고 하는 분도 있다. 그럴 때면 집에 달려가 베란다나 거실에 널어드린다. 그도 그럴 것이 하나같이 유모차에 의지하는 사람들이고 허리 굽은 노인들이 높은 곳에 이불을 널기는 어렵기 때문이다.

"출출할 텐데 이거 드셔요!"

"집에 줄 게 아무것도 없네."

세탁이 거의 끝나갈 무렵 한 할머니가 금방 찐 거라며 삶은 달걀을 가져오셨다. 순간 봉사자들의 얼굴이 밝게 핀 한 송이 해바라기처럼 피어올랐다. 그들은 "와 대박이다. 저는 다음에도 이곳으로 올래요."라고 너스레를 떤다. 봉사 시간이 늦어지긴 했지만, 할머니들의 마음에 감동하는 것 같았다. 할머니들의 눈빛과 표정을 보고 있으면 정말 고마워하고 있다는 것을 금방 느낄 수 있고, 무언가 내주고 싶어 하는 정을 느낀다. 봉사자들은 자리를 뜨면서 "오늘도 보람을 톡톡히 느끼는 하루였다."며 흐뭇해했다. 그래서 나도 말했다. "봉사는 대가가 주어지지 않지만, 즐거워하고 기뻐하는 어르신들을 보면서 나 스스로 보람을 느낄 수 있어야 한다."라고 하자, 봉사자들도 얼굴에 미소 가득한 채 집으로 향했다.

처음 세탁 봉사를 다니기 시작할 때 강OO 할머니가 생각났다. 나이는 칠십 대 중반이었지만 한쪽 다리를 질질 끌고 집안에서만 홀로 지내는 분인데 이불과 카펫을 맡겼다. 몹시 추운 겨울이라 땅이 얼고 바람이 불어 우리는 세탁차 문을 닫은 채 안에 있었다. 문을 두드리는 소리가 들려 열어보니 강OO 할머니였다. 쟁반에 뜨거운 물이 담긴 커피포트와 컵을 들고 계셨다. 나는 얼른 받아 들며 "바닥이 미끄러운데 이걸 왜 가져왔느냐?"라며 핀잔 아닌 걱정스러운 말씀을 드렸다.

"날도 추운데 따뜻하게 마셔요."
"집에 커피가 두 개밖에 없어 하나는 율무차를 가져왔네."

처음 본 할머니는 참 따뜻해 보였다. 그 후 오랫동안 할머니를 보았지만, 몸은 망가져 가는 게 보일지언정 마음은 늘 고왔다. 질질 끌고 다니던 다리는 걷지를 못하고 휠체어를 타고 다니더니 아예 침대에만 누워지내는 날이 늘어나는 것 같았다. 현관문을 열면 퀴퀴한 냄새가 진동했다. 그럼에도 불구하고 그 집에 드나드는 할머니들이 많은 걸 보면 분명 정이 많은 사람이다. 때로는 더 나이 든 할머니가 이불을 꺼내주는데도 항상 표정이 밝은 걸 보면 그 할머니는 대인관계가 엄청 좋은 사람처럼 보였다.

"이거 맛 좀 봐요!"

언젠가 송00 할머니가 우리에게 쟁반을 내밀었다. 신문지를 들어 올리자 김이 모락모락 나는 부침개였다. '와~' 환호성이 울렸다. 먹음직스러운 부침개는 김치도 종종 썰어 넣고 부추도 들어간 듯했다. 점심을 먹고 한두 시간쯤 지났을 때 맛보는 부침개는 꿀맛이 아닐 수 없다. 송00 할머니는 귀가 멀어 전화하거나 옆에서 대화할 때도 큰소리를 질러야 겨우 알아듣는 사람이다. 할아버지 새참으로 부침개를 부치다 우리 생각이 나서 더 부쳤다고 했다.

부침개를 보면 옛날 농촌에서 일할 때 먹었던 참이 생각난다. 밭이나 논에서 일할 때 허리도 아프고 꾀병을 부려 자리를 벗어나고 싶지만, 아버지한테 혼날까 두려워 꾹 참으며 일했었다. 그럴 때 저 멀리서 소쿠리를 이고 오는 어머니가 가장 반갑고 기다려졌었다. 그 틈에 잠시 쉴 수 있어 좋았지만, 그때 먹었던 부침개는 별미였다. 당시 부침개는 허연 밀가루투성이였는데도 맛은 좋았던 기억만 남아있다.

내가 동네방네 다니면서 이불 빨래를 다닌 지 9년을 넘기고 퇴직하기 얼마 전 000 아파트로 봉사를 나갔다. 평소 친하게 지내던 이00 할머니의 이불을 보자기에 싸며 "저도 연말에 이 일을 그만두게 되었어요. 그동안 귀한 말씀 잘 들었고 오랫동안 기억에 남을 거예요."라고 했더니 너무 당황해하셨다. "아이고 어떡해. 좀 더 하면 안 되는가?"라고 몹시 섭섭해하셨다. 그러면서 "나중에라도 연락은 했으면 좋겠어."라고 말씀하셨다. 이불을 배달해 드리고 뒷정리를 하고 있는데 할머니가 유모차를 끌고 또 나오셨다. 박카스 3병을 꺼내 봉사자와 내게 한 개씩 나눠주고는 나를 차 뒤로 끌고 갔다.

"빨리 차 안에 넣었다가 집에 가서 드셔!"

라고 말하며 유모차 방석 속에서 과일이 든 지퍼백을 꺼내주었다. 지퍼백에는 사과 2개, 단감 3개가 들어있었다. "아이고 조금만 늦었으면 선생님을 못 볼뻔했네. 서둘러 나오길 잘했구먼." 하시는 모습이 따뜻하게 다가왔다. 서로 손을 꼭 잡고 잘 지내라고 인사한 뒤 뒤돌아서 나왔다. 오래 기억될 것 같다.

시골 지역은 도심지 아파트와 분위기가 조금 다르다. 늦게까지 일해도 음료수나 간식을 가져오는 사람들은 거의 없다. 주변에 가게도 없지만 돈의 씀씀이가 다르기 때문이란 걸 나도 잘 안다. 경로당 안에 쌓여 있는 커피믹스를 타 주는 게 가장 후한 대접이다. 시골에서 인사는 커피를 타 주는 일이다.

언젠가 시골 마을 경로당 앞에 흙투성이를 한 아저씨 한 분이 나타났다. 자기는 논 가운데 비닐하우스에 살고 있는 사람이라고 소개하면서 이불 빨래를 해줄 수 있느냐는 것이었다. 나는 가져오라고 했다. 아저씨는 이불과 담요 몇 개를 가져와 "좀 지저분하죠?"라며 멋쩍은 표정을 지었다. 이불에 묻은 잡티나 쌓인 먼지를 보니 비닐하우스 바닥이 어떨지 짐작이 갔지만 불쾌한 내색을 하지 못했다. 행여 동네 사람들이 싫어할까 봐 제일 뒤에 해주기로 했고 세탁기에 세제와 섬유유연제도 듬뿍 넣고 표백제도 더 넣어 세탁기를 돌렸다. 아저씨는 "고맙다."라고 인사하며 이불 보따리를 가져간 뒤 한참 시간이 지나 우리가 돌아올 무렵 다시 찾아오셨다.

"내가 줄건 이거밖에 없네!"

아저씨 손에 들고 있는 비료 포대에는 무 몇 개와 대파 몇 뿌리가 담겨있었다. 급하게 뽑아오느라 흙이 묻었고 다듬어지지 않은 상태였지만, 아저씨의 마음은 고스란히 전해졌다. 쑥스러운 듯, 부끄러운 듯, 멋쩍은 듯 옅은 웃음을 띠면서 "요즘 생채 해 먹으면 맛있을 거예요."라고 말했다. 나와 봉사자들은 허리를 깊게 숙여 고맙다고 인사했다. 이분도 주는 즐거움을 알고 계신 것이다. 작은 것이지만 남에게 뭘 건네주는 것은 큰 즐거움이다. 받는 것도 좋지만 나이가 들수록 주는 즐거움도 꽤 크다는 걸 요즘 느낀다. 내가 할머니들과 오랫동안 지내면서 느끼는 것은 아직도 정이 많다는 것과 내 것은 모두 소중하고 아깝지만 그래도 누군가에게 뭘 내어줄 정도로 여유가 있다는 것이다. 할머니의 마음을 조금씩 닮아가고 싶다.

복 받을 겨

내가 사회복지사로 노인들의 이불 빨래를 해주고, 저소득계층에게 푸드뱅크 물품을 나눠주면서 가장 많이 들었던 말은 '복 받을 거야!'였다. 복은 무엇일까? 복(福)은 개인이 원하는 것을 이루고 삶의 행운을 뜻한다. 성공, 건강, 사랑, 물질적 풍요 등 금전적인 삶의 요소들이 복의 예시가 될 수 있다. 사랑에 빠지거나 맛있는 음식을 먹을 때 느끼는 '감정적 행복'도 있고, 경제적 안정, 관계의 질, 성취, 건강 등 '삶의 만족'에 행복을 느낄 수도 있으며, 가치를 추구하며 자아실현을 통해 행복을 느끼기도 한다. 성경에서는 '하나님의 관계 회복을 통해 누리는 평안'을 복이라고 한다.

불교 백유경에 나오는 이야기다. 놀부 심보를 가진 장자가 이웃에 사는 착한 장자의 복을 빼앗기 위해 찾아갔다. 가서 보니까 닭 벼슬 위에 복이 올라앉아 있더란다. 그래서 "여보게, 저 닭을 나한테 선물로 주면 좋겠네." 하니까, 착한 장자가 순순히 가져가라고 했다. 그런데 받는 순간 그 복이 싹 날아가서 착한 장자의 지팡이로 가서 붙더란다. 그래서 이 악덕 장자가 착한 장자에게 다시 그 지팡이를 선물로 달라고 요청했다고 한다. 지팡이를 딱 받는 그 순간 그 복이 날아가서 항아리로 올라가 버렸다. 그래서 또다시 항아리를 달라고 했다. 아, 그런데 항아리를 딱 받으려는 순간, 그 복이 또 날아서 장자 머리 위로 올라가더란다. 그때 이 악덕 장자는 깨달았다. '복이라는 것은 아무에게나 오는 것이 아니구나. 이 복을 빼앗아 온다고 내 것이 되는 것도 아니구나.' 생각했다. 그리고 복은 착한 장자처럼 복을 지어야지 받는다는 사실을 알게 되었다고 한다.

우리는 새해가 되면 만나는 사람들에게 "복 많이 받으세요!"라고 덕담을 나눈다. 그러나 복은 저절로 받아지는 것이 아니고 스스로 노력하며 복을 지어야 한다는 뜻이 숨어있다. 복이 없으면 복을 지어야 하고, 복이 있으면 복을 더욱 아끼고 잘 관리해야 한다고 한다. 우리는 부단히 복 짓는 일을 하며 살아야 한다. 우리 주변에 그런 사람들이 있기 마련이다.

어떤 친구가 취업에 매번 떨어져 힘겨웠던 시절에 주인한테 학대당하고 버려진 유기견 한 마리를 보고 왠지 그 모습이 자기를 닮았다고 생각되어 입양했다고 한다. 그 유기견은 못생기고 사람에 대한 경계가 워낙 심한지라 주변 사람들은 '왜 저런 애를 키우는지 모르겠다.'라고 했지만, 그 친구는 어찌나 지극정성으로 키우는지 거의 개 호강 수준이었다. 주위 친구들이 취업은 물 건너갔다고 생각했는데 몇 년 뒤 거의 기적처럼 원하던 곳에 취직하고 잘 풀리기 시작했다. 그때 친구들은 생각했다. 누군가에겐 학대받고, 버려지고 미움받은 아이지만, 누군가에겐 복덩이가 될 수도 있고, 버려진 아이들에게 잘 대해준 사람한테 복이 내려지는 건 아닌가 생각했다고 한다.

연예인 가운데 그룹 지누션 멤버 션(노승환)은 2000년 무렵 매일 1만 원씩 모아 연간 365만 원을 정기 기부하는 것을 시작으로 꾸준한 기부활동을 펼치고 있어 지금까지 약 60억 원을 사회에 기부함으로써 기부왕이란 타이틀을 얻게 되었다. 2020년부터 약 81.5km를 완주해야 하는 광복절 815런 프로그램을 통해 독립운동 유공자 후손에게 11채의 집을 지어줬고 앞으로 100호를 헌정할 때까지 계속 달리겠다고 한다. 그뿐 아니라 션의 가장 큰 기부 프로젝트 중 하나는 루게릭 요양병원 건립이다. 루게릭병 환자였던 고(故) 박승일 전 농구 코치가 쓴 '눈으로 희망을 쓰다'를 읽고 감명받아 함께 승일희망재단을 설립하고, 루게릭 요양병원 건립을 추진하기 시작했다. 아이스버킷 챌린지, 마라톤 대회 참가, 철인 3종 경기 등 다양한 방식으로 기부금을 마련하고 정부 지원을 받아 2025년 3월 경기도 용인시에 239억 원 규모의 '승일 희망요양병원'을 준공했다.

마이크로소프트 공동 창업자 빌 게이츠는 2045년까지 현재의 전 재산 1,080억 달러의 99%를 세계 보건 환경 개선과 빈곤 퇴치 활동에 사용할 수 있도록 기부하겠다고 선언했다. 그는 2000년부터 지난 25년간 1,000억 달러, 우리 돈으로 약 140조 원이 넘는 돈을 기부해 왔다고 한다. 그는 부자라서 가능했을까?

서울역에서 김밥 장사를 하던 박춘자 할머니는 마흔 살 무렵부터 도움이 필요한 장애인을 위해 봉사활동에 나섰다. 60대에 장사를 그만둔 뒤에는 갈 곳 없는 지적장애인 11명을 집으로 데려와 20년간 아이들을 밥 먹이고 대소변을 치우며 자식처럼 돌봤다. 어렵게 모은 재산 중 3억 3천만 원은 초록우산 어린이재단에 기부했다. 그분은 TV를 보다가 어렵고 힘든 아이들이 나오는 것을 보고 무작정 초록우산 어린이재단을 찾아가 직접 기부를 했다고 전해진다. 장애인 거주시설을 짓기 위해 '성남 작은 예수의 집' 건립금으로 또 3억 원을 기부했다. 그는 2024년 3월 95세의 나이로 사망했지만, 평생 모은 6억 3천만 원을 사회에 기부한 것이다.

몇 년 전 TV에서 가슴 따뜻한 사연을 본 적이 있다. 경기도 안양에 살고 있는 백정남(70) 씨는 낮에 병원에서 환경미화 일을 하고 저녁에는 포장마차에서 오뎅과 호떡 장사를 하시는 분이다. 그분은 포장마차에 '형편이 어려우신 분은 그냥 드시고 가세요'라는 현수막을 걸어 놓고 돈이 없으면 그냥 가고, 돈이 부족하면 부족한 대로 놓고 가라고 하신다고 했다. 이제 고향으로 낙향하여 평생 자녀를 낳아보지 않은 어르신 다섯 분 정도를 모시면서 살고 싶다는 소리를 들었다.

매년 12월이면 각 지방자치단체에서 자원봉사자의 날 행사를 한다. 그날 빠짐없이 우수 자원봉사자에게 표창이 수여되는데 가장 돋보이는 게 자원봉사 8,000시간 이상자들이다. 지역 내에서 불우이웃돕기는 물론 아나바다 봉사단, 반찬 나눔봉사단, 농아를 위한 수화, 각종 행사 지원 등 자원봉사에 참여한 사람들은 언제나 존경스럽다. 그분들도 모두 복을 짓고 있는 것처럼 보였다.

사회복지협의회 푸드뱅크에서 기부받은 물품 가운데 신선식품인 두부를 지역 경로당에 나눠줄 기회가 있었다. 점심을 해 먹는 노인들로서는 두부만큼 좋은 반찬거리가 없다. 부침개를 해 먹기도 좋고 찌개나 국에 넣어 먹어도 좋을 뿐만 아니라 치아가 좋지 못한 노인들에게 두부는 최고 선호 식품이다. 두부를 받아 차곡차곡 정리하는 모습이 얼마나 행복해 보이는지 모른다. "늙은 사람들을 잘 챙겨줘서 복 받을 거야!"라고 치켜세워준다. 할머니들이 우리가 마을 어귀를 벗어날 때까지 한참 동안 쳐다보며 손을 흔드는 모습은 진정 고마움의 표시처럼 보인다.

어느 해 불볕더위가 이어지던 여름날 비탈길을 올라 시각장애인 박 00 할머니의 집을 올라가는데 이마에 땀방울이 몽글몽글 생겨 한 방울씩 떨어졌다. 순간, 주변 사람들이 "힘들지 않으냐?", "할만하냐?", "그런 일 할 거라고는 상상도 못 했어!"라고 했던 말이 생각나기도 했고, '내가 뭐 하는 건가?', '내가 꿈꾸던 일이었는가?' 되뇌었던 적이 있었다. 할머니 집에 도착해 대문을 밀치며 "계세요?"라고 소리 질렀다. 할머니는 문을 지긋이 열며 "어, 빨래 사장님이네!"라고 하더니 이불 보따리를 건네줬다.

"매번 고마워서 어쩐대. 복 받을 겨!"

라고 말씀하셨다. 앞을 볼 수 없어 내 얼굴은 모르겠지만, 내 목소리를 듣고 금방 알아차렸다. 조금 전까지 흘렸던 땀방울에도 덥지 않았고, 내가 하는 일이 부끄럽게 느껴지지 않았다. 내가 아니라도 누군가 그분을 돕겠지만 내가 도울 수 있어 행복했다. 그리고 내려오는 발걸음이 한결 가벼웠다.

계룡시에서 9년이 넘도록 자연부락과 아파트를 순회하며 독거노인들의 이불 빨래를 해주었다. 깨끗하게 세탁한 이불을 보자기에 싸드리거나, 거동이 불편한 사람들의 가정을 방문해 세탁물을 수거하고 세탁한 이불을 배달해 넣어줄 때, 할머니들한테서 가장 많이 들었던 말이 "정말 좋은 일 하신다!" 그리고 "복 받을 겨!"였다. 나는 그럴 때마다 "정말이냐?"라고 되묻곤 했다. 그러면 할머니들은 그렇게 대답하셨다.

"자네 대에 복을 못 받으면 자식 대라도 꼭 복은 받는 법이다."

라고 하시는 말씀에 늘 용기를 얻었다. 그리고 평소 어려운 이웃을 돕거나 좋은 일을 많이 하면 복 받는다는 말도 결국은 복을 짓는 것과 다를 바 없다. 어르신들의 말씀대로 내가 돌려받을 수도 있고 아니면 내 자식이라도 꼭 돌려받는다고 했다. 나도 그럴 거라 확신하고 있다. 꼭 자식이나 내가 복을 돌려받지 못해도 상관없는 일이다. 봉사하면서 상대방이 고마워하고 감사함을 느낄 때 행복했고 보람을 느꼈으면 그만이다. 물론 그래서 지금 복을 듬뿍 받고 있는지도 모른다. 아들과 딸이 모두 결혼해서 손자와 손녀를 안겨주었으니 그만한 복이 또 어디 있을까, 그런 생각을 하면 늘 행복해진다. 나는 어제 그리고 오늘도 복을 지으려고 노력한다.

| 내 말좀 들어!

오늘도 한 아파트로 봉사를 나갔다. 전날 유00 할머니도 이불 빨래를 할 게 있다는 통화를 했었고 내가 직접 수거하기로 했었다. 그런데 아파트 단지 내 주차장을 확보하느라 정신이 없었다. 수돗물이 있는 쪽에 이동 세탁차를 주차해야 하는데 아직도 빈 곳이 없어 한참 동안 자리를 물색하느라 시간이 꽤 흘러버렸다. 나는 먼저 온 자원봉사자를 불렀다.

"선생님, 4동 000호에 내가 수거하기로 했는데 시간이 없으니 대신 좀 다녀와 주세요." 라고 하자,

자원봉사자 두 명이 "네, 알았어요." 라고 대답한 뒤 유00 할머니 집을 방문해 이불 보따리를 수거해 왔다. 한두 시간 지났을까, 한참 세탁기가 돌아가고 할머니들이 계속 이불을 가져오는 바람에 분주한 가

운데 내 전화벨이 울렸고 받으려는 순간 끊어졌다. 얼마 뒤 다시 전화벨이 울려 받았더니 유00 할머니였다.

"이따 세탁물 가져올 때는 선생님이 오셔서 널어주세요."라고 했다.

나는 세탁물을 수거할 때 무슨 일이 있었나 싶어 봉사자에게 물었다.

"혹시 유00 할머니 이불 수거할 때 무슨 일 있었나요?"
"아뇨. 아무런 일이 없었는데 왜요?"
"배달은 나한테 직접 해달라고 전화가 왔더라고요."

자원봉사자 선생님은 고개를 갸우뚱했다. 나도 의아한 건 마찬가지였다. 이불 빨래를 마치고 보따리를 들고 할머니 집으로 갔더니 아파트 현관문을 활짝 열어놓고 기다리고 계셨다. 나는 햇볕이 잘 드는 베란다와 안방 건조대에 이불을 널어주고 나오려고 하는데 할머니는 내 주머니에 무언가 넣어 주려는 것 같았다. 나는 직감적으로 돈을 주는 것 같아 정중하게 거절했다.

"어르신 제가 이건 절대 받을 수 없으니, 마음만 받을게요."

라고 말했지만 막무가내였다. 나는 할머니 손을 뿌리치고 빠르게 현관문을 나오는데 문 앞까지 따라와 내 옷을 잡고 늘어졌다. 다시 한번 간곡하게 말씀드리고 도망치듯 집을 나와 복도를 걷는데 거동이 불편한 할머니가 빠르게 따라왔다. 엘리베이터가 그날따라 느려도 한참 느렸다. 마침내 엘리베이터가 도착했고 문이 열렸다. 나는 빠르게 엘리베이터 안으로 들어가 닫힘 버튼을 눌렀다. 문이 닫히는 순간 할머니는 안으로 봉투를 던졌다. 나는 다시 열림 버튼을 누르고 문이 열리는 순간 봉투를 내던졌고, 할머니는 또 문을 열어 던졌다. 나는 도덕적으로나, 양심적으로나 돈을 받는 것은 있을 수 없는 일이었기에 또다시 문을 열고 봉투를 내던졌다. 그때 "왜 그렇게 말을 안 들어!"라는 할머니의 거친 외침이 들렸다.

"내 말 좀 들어!"

그러면서 엘리베이터 문이 닫히는 순간 또 던져졌다. 나는 할머니의 외침에 엘리베이터에서 나와 할머니와 이야기를 나눴다. 긴 한숨을 내쉬고 난 뒤 말을 꺼냈다.

"나는 신체적 우울증을 앓고 있는데 몸이 점점 약해지고 아픈 곳이 늘어나면서 자꾸 넘어진다. 혼자 생활이 어려울 것 같아 자식들과 논의한 끝에 요양원에 들어가기로 했어. 그래서 이번 빨래가 마지막이 될지도 모르거든." 그러는 게 아닌가.

할머니의 이불 빨래를 해줬고, 푸드뱅크 기부 물품을 전해주러 다닌 게 9년이나 되었지만, 할머니의 그런 사정이 있다는 것도 처음 들었다. 할머니는 바람만 불어도 날아갈 정도로 쇠약해졌다는 것은 알고 있지만, 어디가 아픈지, 얼마나 아픈지 몰랐었다. 할머니의 말씀은 이어졌다.

"그동안 고마웠던 선생님께 따뜻한 밥을 한 끼 해주고 싶은데 그것도 좀 그렇고, 식당에 가서 사주자니 안 먹을 것 같아 밥 한 끼 사 먹으라고 이렇게라도 하고 싶어 준비해 뒀다."

라며 밀치고 내던져졌던 봉투 하나를 다시 건넸다. 가슴이 찢어지는 듯했다. 뭉클하다는 말로는 설명할 수가 없었다. 할머니의 말씀은 계속 이어졌다. "오랫동안 집에 전화해 '세탁할 게 있느냐?' 물어봐 주고, 사시사철 이불 세탁을 해주셨는데 정말 고맙고, 감사해서 인사를 하는 것이니, 마음 편하게 받아달라."고 했다. 내가 "그래도 돈을 받는 것은 너무 염치없고 송구스럽다."라고 했지만, 할머니는 "내가 살아야 얼마나 살겠어. 그냥 천당 잘 가길 빌어 달라."고 했다. 할머니의 말씀을 듣고 있는 내 마음이 너무도 아렸다. 더는 거절도 할 수 없었다. 아흔한 살인 할머니의 간곡한 말씀을 듣고도 거절하는 것은 예의가 아니라고 생각했다. 그분이 심한 우울증을 앓고 있고, 통증이 그렇게 고통스러운지 나도 몰랐다. 나는 할머니 손을 꼭 잡고 봉투를 받았다.

"할머니 감사합니다.
할머니의 마음이 편해질 것 같다니 제가 받아두겠습니다."

라고 말한 뒤 할머니의 손을 잡고 집까지 바래다주고 발길을 돌렸다. 봉투를 손에 들고 복도를 걸어 나오는 내 마음이 너무도 착잡했다. 저 멀리 복도를 쳐다보며 손을 흔드는 할머니 모습이 안쓰러웠다. 할머니가 나를 그렇게까지 생각했다는 것이 고맙기도 했지만, 한편으로는 내가 그냥 겉으로만 챙긴 것 같아 부끄러웠다. 항상 나는 내 일만 생각했지, 상대방의 어려움을 알려고 노력하거나 해결해 줄 생각은 찾지 않았던 것 같았다.

며칠 후 나는 아내와 할머니를 찾아갔었다. 우리 어머니를 찾아뵙듯

노인들이 마실 것, 먹을 것, 과일 등을 골고루 가져갔더니 "뭘 이런 걸 사와?"라고 하셨지만, 기분은 좋으신 것 같았다. 그 자리에서 할머니가 살아온 이야기도 듣고, 가슴 아픈 속사정도 한참 동안 들었다. 내가 더 이상 해줄 것도 없으니 마음으로 위로해 줬다. "요양원에 들어가려면 며칠을 더 기다려야 할지 모르겠는데 잘 지내라."라고 하시는 말씀을 듣고 있으니, 마음속으로 천천히 자신을 정리하는 모습이 너무도 어른스러웠다. 그날도 맘이 몹시 무거웠다. 그 후에도 할머니와 간혹 안부 전화를 했다.

"요양원에 들어가실 날짜는 정해졌어요?"
"아니야, 떨어져서 언제 들어갈지 잘 모르겠어."

얼마쯤 지난 뒤 전화했었다. 할머니 말씀은 요양원에 들어가려고 장기 요양 등급을 신청한 것이었는데 심사 과정에서 떨어졌다는 것이었다. 한참 시간이 지난 뒤 독거노인 생활지원사 선생님으로부터 할머니 소식을 들었다. 장기 요양 등급을 재신청하여 등급은 받았는데 요양원에 들어가지 않고 요양보호사 선생님이 집으로 방문하여 보살핌을 받고 있다고 했다. 그리고 한 달쯤 지나서 전화를 한 번 더 통했다. 그런대로 잘 지내시는 듯했다.

그런데 몇 개월이 지난 뒤 생활지원사 선생님으로부터 그 할머니 소식을 들었다. 그런 일이 있은 지 넉 달쯤 지났을 무렵 집에서 돌아가셨다고 했다. 할머니의 얼굴이 아른거리기 시작했다. 가슴 아픈 일이다.

삼가 고인의 명복을 빈다.

어느 사회복지사가 전하는
빨봉 이야기

발 행 일 | 2025년 9월 10일
지 은 이 | 류두희
발 행 인 | 李憲錫
발 행 처 | 오늘의문학사
출판등록 | 제55호(1993년 6월 23일)
주　　소 | 대전광역시 동구 대전로867번길 52(한밭오피스텔 401호)
전화번호 | (042)624-2980
팩시밀리 | (042)628-2983
전자우편 | hs2980@hanmail.net
카　　페 | cafe.daum.net/gljang(문학사랑 글짱들)
인터넷신문 | www.k-artnews.kr(한국예술뉴스)

공 급 처 | 한국출판협동조합
주문전화 | (02)716-5616
팩시밀리 | (02)716-2999

ISBN 979-11-6493-398-3(03810)
값 15,000원

ⓒ 류두희 2025

* 이 책은 ㈜교보문고에서 eBook(전자책)으로 제작하여 판매합니다.
* 잘못 제작된 책은 바꾸어 드립니다.
* 본 도서는 충청남도, 충남문화관광재단 의 후원으로 발간되었습니다.